生協への提言

難局にどう立ち向かうか

野村秀和 編著

桜井書店

刊行のことば

本書の主題は、日本の生協運動が、いままさに経営危機に直面し、大きな壁の前で進むべき方向に確信を持てなくなっている現状を正面から見据え、自己革新への道筋を、共同で建設的に提言することにある。

このような共同研究を可能にしてくれたのは、日本福祉大学大学院に既存の社会福祉研究科に加えて、情報・経営開発研究科が新しく設置されたことによる。一九九九年四月に開設された情報・経営開発研究科のリサーチ科目「福祉・医療・非営利の経営と会計」を私を含む三名の教員が担当することになった。このリサーチに入学した院生は八名であるが、そのうちの五名は社会人として入学、そのなかの三名は、生活協同組合に勤務している四〇歳代で、今日の生協運動の最前線で活躍している中堅幹部であった。

地元愛知の「地域と協同の研究センター」（名古屋勤労市民生協を中心に設立された研究所）の主任研究員の神山充氏、名勤生協出身で、生協労連の専従役員として労働運動一筋に活躍している榑松佐一氏、コープかながわを中心に設立された「協同組合総合研究所」（通称　ＣＲＩ）の主任研究員庭野文雄氏の三名がその人たちである。生協関係のこれら三名の院生は、一年修了を目指し、それぞれの仕事をこなしながら、九九年度は研究に集中してきたのである。教員として直接に、生協ゼミに参加したのは、私野村秀和と小栗崇資教授（二〇〇〇年四月から、駒沢大学教授に転出）であり、この五名の一年間の研究成果をまとめたものが本書となったのである。

社会人院生の三名は、リサーチ全体の合宿研究会やソウルの高齢者福祉施設やNGO本部の訪問調査などにも参加しており、若い院生や留学生院生たちとの交流を通じて、学生時代に戻ったように元気で楽しく一年間を過ごしたようである。いわゆる生協ゼミの研究・討論は、各自の個性を尊重した自立度の高い内容で、教員との関係は、単協での経験や現場の中堅としての蓄積を十分に活かした対等な研究仲間であった。むしろ、私自身の思いとしては教員側が教えられるところが多かったと思う。

私自身、現在の日本の生協への思い入れは相当に強いものがあるが、生協ゼミでの研究については、各自の立場と経験を尊重し、自由な雰囲気のなかでの一年間の研究討議が続けられたと思っている。当然のことながら、生協の現状についての評価は、批判的という意味では共通するが、その改革方向やそのための取り組みの重点などについては、各人各様であった。しかし、これほど自由にお互いで討議を深め合い、現状の危機認識の違いや運動上の戦術などの異論を相互に認め合いながら、生協運動の発展を共通の土台として研究できたのは、排除の論理が横行するなかでは、幸せというべきであろう。上司の顔色を気にせず、単協そして全国の課題について、経営的立場から労働運動の立場までを含む生の意見をぶつけ合うことができたのである。

三名の社会人院生は、それぞれ未完成を自覚しながら、一年で修士号を取得していった。本書の執筆内容は、修士論文を土台にしているとはいえ、新たに各自の責任で書き下ろされたものである。このように五名の執筆者の生協への思い入れという共通点があるとはいえ、現状をどう認識し、これをどう改革するかについての意見は、それぞれの執筆者の個人責任となる。名勤、かながわ、労組活動という現場を踏まえての若い研究者の研究成果と、この三名の院生と討議を続けてきた二名の教員の研究を含めて、今日の日本の生協への提言としたい。もちろん、執筆者五名とも個性が強く、見解が一致しているわけではない。

ここで私自身の思いを、控えめに述べることを許してもらいたい。日本の生協は、組合員の成熟を土台として、その活動家層はすでに相当な経験と専門知識を持つ三〇年選手を育て上げてきた。組合員主権を名実ともに担える主体形成を遂げてきていると実感することが多い。今日の生協の危機に際し、組合員主権の総合的展開こそが危機打開のキイと思うのだが、一部の専従幹部集団に見られる組合員蔑視は想像を超えるものがあり、経営者支配を官僚的運営で強化しているのである。これこそが、組合員主権による機関運営の実現の最大の障害となっている。そこには、専従幹部集団のみが経営危機の打開を実現できるという思い上がりが背景に存在するといわなければならない。

たしかに、組合員主権という言葉は、お題目として口にはするが、それは組合員をターゲットとして見ていることと矛盾しないという奇妙な現実を生み出している。生協は、組合員のためにあるのではなく、専従職員のために存在するのかと皮肉な批判も言いたくなるようなことが多すぎるのである。職員のエネルギーと専門性は大切である。しかし、組合員の存在しない生協は生協ではない。組合員主権の機関運営における実質化を追い求めることは、やはり夢なのかという思いは、いままでに何回生じたことか。それなら、職員に依存し、職員が組合員の「こえ」を聴くことで、生協の再生を期待するということで妥協するしかないのか、しかし、これなら営利企業だってもっと有効・適切に実践している例があるではないか、そこにとどまっていては、本物の生協ではない。組合員がこれだけ増え、その顧客化は否定すべくもない現実であることを知れば知るほど、職員依存への安易な思いに囚われもするが、それでも、組合員の手に生協を取り戻し、私たちの生協を再建しようという組合員有志の献身的な活動に触れるたびに、組合員主権の実質化を諦めることはできないと思うのである。これなくして、経営者支配の自己克服はありえないからである。

生協の運営を「啓蒙的経営者支配」に委ねることは、協同組合の自殺行為だと思う。なぜなら、供給過剰の現代社会では、生協もくらしの商品・サービスの供給業者の一つであり、消費者は業者を選別して、商品・サービスを手に入れるだけなのである。ここには組合員の顧客化が組合員の側からも生じてきていることが反映されているが、こうした傾向を専従幹部職員が助長し、誘導していることも、表面には出ないが、一つの現実である。これからは、このような生協も増えるであろうが、それを生協と呼ぶことができるのであろうか。

生協に加盟してきた組合員の多くは、子育てや仕事の忙しさのために、つねに、顧客化する事情が存在する。しかし、事情によっては、生協のさまざまな機関運営に参加し、自分たちの願いの実現や仲間づくりへの期待を潜在的に持っていることも、紛れもない現実なのである。専従のリーダーたちが、この気持ちを大切に引き出し、参加しやすい条件づくりに成功するならば、まだまだ新しい展開を遂げる可能性は十分に存在するのである。組合員のエネルギーを引き出す努力もせずに、官僚的な運営を押しつければ、足が遠のくのは当然と言うべきであろう。

なにかをやりたいと強く願う積極的な組合員たちは、少数ではあれ、専従幹部の意に反して、ワーカーズ・コレクティブやNPOなどへの活動に流れていくのはごく自然なことなのである。

翻って、市場経済による自由競争は、競争を強めることで、公正な競争を否定し、自由競争の自己否定を招来せずにはおかない。新しい、小さな起業は、少数の成功例を生み出しはするが、そのほとんどを死滅させることも、冷酷な現実なのである。

このような競争を否定する独占に対して、公正な経済的・社会的自由競争の維持のためのルールは、政治によってしか創り出すことはできない。弱小な起業を育てるためには、経済の民主主義を確立しなければならないのである。そのために、生協には多数者を結集して、民主主義実現のための実行力ある担い手としての力を保持することが求められる。しかし、地域の多数派となった総合生協の多くが、経営者支配を生み出してきたことも経験的に明らかな現実である。

こうした事態の解決策として、トップの善意で、職員幹部の集団指導で、あるいは労働組合でコントロールするという方法論も、論理としてはありうるであろう。しかし、トップの権力は、経営内部者への想像を絶するプレッシャーとして行使されることがある。こうした事態に遭遇すると、生協運動に対する絶望的な想いすら頭を過ぎるのである。だからこそ、実質的には外部者の地位に置かれている組合員主権を、形式上はそこに最高の意志決定権を持たせているのだから、その形式を実質化すること、すなわち、本来の制度である組合員主権を機関運営の正面に据え直すことこそ、生協再生の最後の切り札だと思うのである。

日本福祉大学大学院（情報・経営開発研究科）開設の最初の一年でもって、われわれのリサーチ（「福祉・医療・非営利の経営と会計」）は、このような研究成果を世に問うところまできた。これも自由な研究の場としての大学の使命だと考えている。同時に、日本の生協の現状が、現場の中堅幹部職員にとっても、われわれ研究者にとっても、手を拱いていることができないほどの危機と一部幹部の退廃を生み出しているためでもある。

執筆者一同の思いは、この研究を、生協の組合員のみなさまにまず届けたい。そして、生協で働くパート、アルバイトそして正規職員のみなさまと、労働組合で活躍する仲間のみなさまにぜひ読んで欲しいと思う。そして、生協運動に生涯をかけ、日夜奮闘している心ある専従幹部のみなさまにもぜひ読んでいただきたい。さらに、ここまで社会的影響力を持つようになった日本の生協の現状に関心をお持ちの多くの方々に知っていただきたいと思うのである。

そして、忌憚のないご批判、ご感想を頂戴できれば、執筆者一同これに過ぎる喜びはない。二一世紀を迎えて、生協運動の再生と新たなる発展への自発的で自覚的な参加の波が、さらにいっそう発達することを願いながら。

二〇〇一年一月

日本福祉大学大学院情報・経営開発研究科
リサーチ「福祉・医療・非営利の経営と会計」
リサーチを代表して
野村秀和

目次

生協への提言

難局にどう立ち向かうか

第一章　生協の危機と現況

野村秀和

Ⅰ　組織・経営の到達点

新しい世紀を迎えるなかで、生活協同組合が、その存在価値を示すことができるのかどうかが、いま問われている。経営的危機に見舞われていることもあって、社会的にも関心が寄せられている。これらの議論には、協同組合の原点に戻ろうという方針にもかかわらず、目先の経営業績の悪化への対処としての中堅幹部のリストラ以外に有効な対策を打ち出せないでいる、連合会や単協の指導力の貧困さまで視野に入れたものが含まれている。

それらのなかから最近の主要な文献を三冊取り上げるとすれば、以下のものが挙げられよう。

『現代生協改革の展望』（大月書店、二〇〇〇年五月）
『生協は21世紀に生き残れるか』（大月書店、二〇〇〇年八月）
『協同組合のコーポレートガバナンス』（家の光協会、二〇〇〇年九月）

一九八〇年代に見せたような、生協のすさまじいばかりの成長は見られないにしても、今日では、日本の生協の到達点は史上最高の組織率を誇っているのである。

まず、図1・1を参照されたい。事業高は、一九九一年度までは着実に伸びていたが、それ以後は横ばい状況に移る。しかし、組合員の加入人数は増加傾向を続けており、一九九八年度には、二千万人を超えるところまで到達したのである。一九七〇年の時点で、二八七万人の組合員であったことを思うと、隔世の感を覚えるのは、私一人ではあるまい。

組合員一人の背後には、平均して二人から二・五人の家族が存在していると推定されるから、生協になんらかのかかわりを有する人口は、すでに六千万人から七千万人に達すると考えてもよいであろう。八〇年代の生協の成長は、九〇年代には、日本の総人口の半数以上の人々と接点を持つところまで到達したのである。しかし、九〇年代に入ると、事業高の増加にブレーキがかかり、生協の供給する商品・サービスへの需要は、横ばいになってくる。このことは、生協から購入する商品・サービスが、組合員によって選別されるようになったことを意味する。にもかかわらず、供給高が伸び悩むこの九〇年代においてさえ、出資金の増加は高いテンポで続いているのである。ここには、生協の経営の厳しさに対する組合員の激励と支援の気持ちが反映されていると見てよいであろう。しかし、同時に、生協の提供する商品・サービスや店舗のあり方などへの強い不満が示されていることを正確に受け止めなければならないのである。

図 1･1　日本生協連会員生協の年度別推移

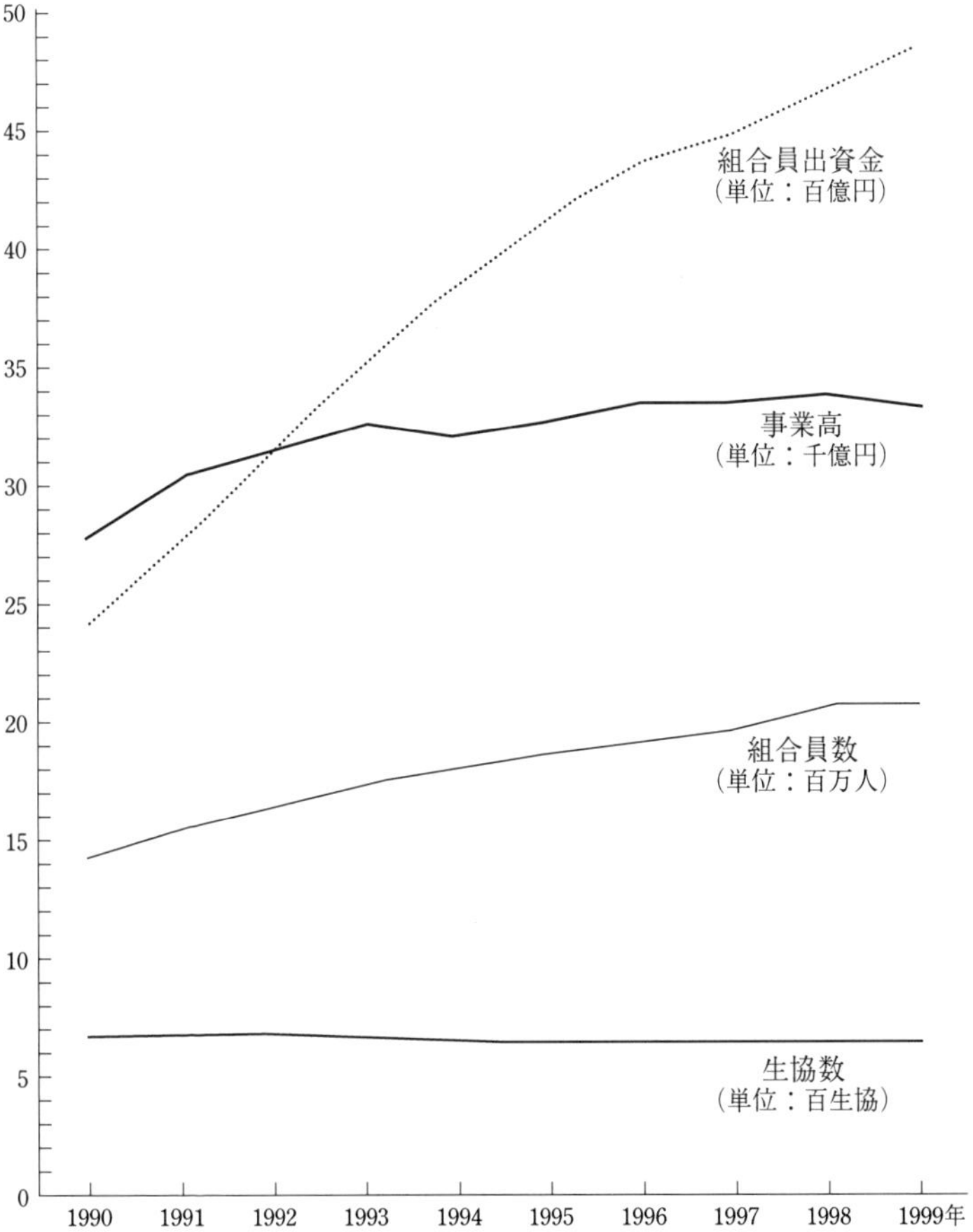

年度	1990	1991	1992	1993	1994	1995	1996	1997	1998	1999
生　協　数	658	670	663	649	652	647	646	641	637	627
組合員数（万人）	1,410	1,542	1,625	1,729	1,801	1,863	1,925	1,969	2,063	2,081
組合員出資金（億円）	2,404	2,740	3,152	3,508	3,834	4,130	4,355	4,479	4,667	4,843
総事業高（億円）	27,772	30,371	31,587	32,650	32,238	32,739	33,629	33,581	33,870	33,323

（出所）『1999年度　生協の経営統計』コープ出版，2000年 9 月，20頁。

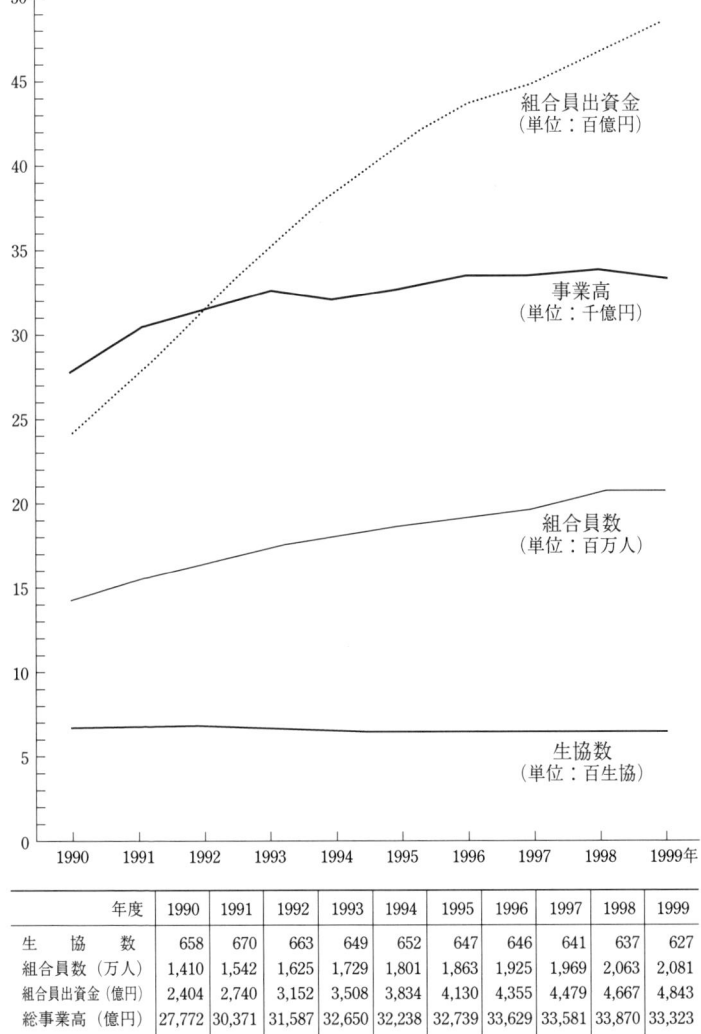

日本の生協は、八〇年代から九〇年代において、経済事業を担う社会的な存在として認知されるところにまできたのである。六〇年代から七〇年代のマスコミでの生協の扱い方は、消費者運動の旗手としてのものであったが、いまや、社会面から離陸して、経済面で報道されるように、そのポジションを変えてきたのである。

成長ののちの経営危機をもたらした要因は、バブル時代の放漫な過剰投資や、バブル経済の崩壊による競合激化もその一つではあるが、それだけではない。主体にかかわるもっと大きな理由があるのではないかという想いを、私は捨て切れないのである。本章のねらいは、その点を少しでも明らかにしたいということでもある。

Ⅱ　最近の主要単協の経営業績

しかし、この最高の組織率（出資金・組合員数の伸びは、現在でも進行している）の裏側で、供給高の横ばいから低下傾向が続くのである。それに追い打ちをかけるバブル時代の過剰にして不良な設備投資のツケが、業績低下から実質赤字を意味するような事態を広げつつある。最近の経営の厳しさを示す主要単協の決算速報値を以下に紹介することにしよう。

表1・1によれば、一〇〇〇億円以上の総事業高をマークするのは、六単協にも及ぶまでになったのであるが、そのなかで、総事業高伸長で前年を上回るのは、「コープとうきょう」ただ一つなのである。

総事業高に占める経常剰余の比率は、「ちばコープ」、「いばらきコープ」が最高であるが、両者とも、二・三%でしかない。しかも、この数値には、共済事業で入手した剰余を含んでいる。共済を除くと「いばらきコープ」の一・八%が最高となる。しかし、「いばらきコープ」をもう少し詳細に見ると、この数値は、前年対比で八四・四%と後退している点も見落としてはならないであろう。

「コープさっぽろ」の赤字は、北海道の生協の再建の困難さを反映するものであるが、「コープこうべ」の〇・一%(以下、共済を除く経常剰余率)、「コープかながわ」のマイナス〇・一%、「京都」の〇・二%、「エフコープ」の〇・三%、「名古屋勤労市民」のマイナス〇・一%を見ると、関西、関東、九州、中部圏のすべての地域の中心単協の経

表 1・1 主要単協の損益状況(2000年度3月)

(単位:百万円,%)

	総事業高	前年比	経常剰余率	共済除く経常剰余率
上位11生協合計	1,259,205	96.8	0.8	0.4
コープこうべ	344,276	93.7	0.4	0.1
コープさっぽろ	149,051	96.2	−0.2	−0.4
コープかながわ	132,940	95.8	0.7	−0.1
コープとうきょう	132,148	101.4	1.5	1.2
みやぎ	100,434	99.0	1.0	0.6
さいたまコープ	100,958	99.6	1.2	0.7
京都	63,252	93.5	0.6	0.2
ちばコープ	69,300	102.3	2.3	1.7
エフコープ	59,049	97.0	0.6	0.3
コープしずおか	56,613	99.5	1.8	1.3
おかやまコープ	51,183	96.5	1.7	1.4
2位10生協合計	361,157	100.1	1.1	0.7
ならコープ	38,608	99.2	0.8	0.5
名古屋勤労市民	38,869	98.5	0.5	−0.1
東都	40,165	106.2	1.1	0.7
東京マイコープ	41,367	105.6	2.2	1.6
いばらきコープ	33,327	101.8	2.3	1.8
いわて	35,556	103.0	1.7	1.3
コープながの	39,688	99.7	1.3	0.6

(出所) 日本生活協同組合連合会「損益状況」速報値から。

営不安は同じような状態にあるといえるであろう。コンマ以下の低い剰余率ということを考えると、決算処理の手続きの選択如何では、水面下に没している状態と大差はないのである。不良資産の償却処理が完全に実施された結果としての業績低下であるならば、今後の向上が期待できるのであるが、事態はそれほど甘いものではない。

従来から優等生と見られてきた「みやぎ」も〇・六%、「ならコープ」も〇・五%と、壁に突き当たっている様子が反映されている。

もっとも、全部が悪いわけではない。元気なところも存在する。「コープとうきょう」一・二%、「東京マイコープ」一・六%、「東都」〇・七%、さらに「ちばコープ」一・七%、「コープしずおか」一・三%、「いばらきコープ」一・八%など、関東圏の単協のなかには健闘組が多い。関東圏にかぎらず、「おかやまコープ」一・四%、「いわて」一・三%などの活躍も忘れてはならない。

そうした頑張り組の存在もあるのだが、全体として見た場合、流通本業の購買事業における供給高伸長の前年実績割れと共済を除く経常剰余率のコンマ以下への転落を経験した単協の増加は、生協の置かれている現状の厳しさを正確に反映しているといえるであろう。

しかし、この兆しは、八〇年代の成長期においてすでに見られていたのである。私は当時、注意を喚起しておいた。「たしかに、組合員数や供給高は伸びてはいるが、組合員一人当たり利用高の横ばい状況は、生協運動の発展の中で、主力を占める新しい組合員の要求を十分に汲みあげきれていないことを示している。この意味で、生協運動は自らの発展過程の中で自らの体質を、現状にそくして再点検しなければならない段階に到達したといえるのである」(『転換期の生活協同組合』大月書店、一九八六年、二頁)と。

しかし、専従幹部の多くは、一応聞き置くだけで、ことの重大性を十分には認識せず、大型店舗の出店へと傾斜し、バブル経済の波に乗ろうとしたのである。同書のなかでは、組合員の拡大は、多重で多元的な商品ニーズに応えることを生協に要請することになるので、単品結集型の共同購入や小型店舗だけでは対応し切れないため、大型店舗による多重・多元的な品揃えが求められることになると指摘されている。この指摘自体は、いまでも間違いであるとは考えないが、こうした考え方は、今日の過剰投資による経営危機を招くことになる一因として、私への批判の論点ともされている(1)。

しかし、組合員一人当たり利用高指標の意味を指摘していたことと、大型店の必要性の指摘とが十分に結びつけられず、店舗大型化が、商品力の弱さの克服もなしに専従主導で一人歩きし、競合対策や立地条件の詳細な検討もなく、組合員参加も形だけで、あわてて執行されていったことこそが、今日の危機を招いたことは明らかである。

Ⅲ　競合のなかのＩＹグループ

翻って、流通業界は、現在、グローバルな戦国時代といってよい状況にある。大資本だから、老舗だから安心とはとてもいえない競争時代に突入しているのである。外資との直接の競合と隣り合わせというのが、現状である。百貨店の後退に始まり、スーパーマーケットの時代に入った。それが、コンビニエンスストア・チェーンにあっという間に主役の座を譲ることになってしまった。総合スーパーの低迷は、専門スーパーやディスカウントショップなど、多様な供給チャネルとの併存のなかで生じてきたものである。しかも、需要の低下する地域では、大型店の撤退が地元へなんの挨拶もなしに起きている。既存店よりも新しくオープンした店に人は動くが、それも次の新店へと流れていく。同じ業態のなかで、二極分解がこれほど明快な形で進行する時代はかつてなかったことである。ニッチ（隙間）事業として存在する生協も、こうした競合の影響をもろに受けざるをえないのは当然でもある。

事業内容がそれほど大きな違いを持たなくなってきた現状では、立地、接客、駐車場、店舗アメニティなどなど、事業本来とは直接関係のない条件も、客寄せに影響するようになった。しかし、なんといっても、競合の中核は、商品・サービスそのものである。

競合を競い合う流通大手は、グローバル化した競争時代に鍛え抜かれている。食材や衣料品の海外仕入は当然のこととして、流通企業間の連携や合併なども、倒産の反対側で珍しいことではない。かつて本家筋でもあったアメリカのサウスランド社の倒産を救援したイトーヨーカ堂とセブン-イレブン・ジャパンは、アメリカのセブン-イレブンの経営権を入手することで、小売流通業界の多国籍企業に変身してしまった。そしていま、中国内陸部の流通近代化を担うだけでなく、内陸農村部の有機農法による農作物の生産を手がけ、全量を日本市場に向けて輸入している。中国側の農作物の海外輸出政策と日本の消費者の持つ有機農作物への志向を見事に結びつけているのはさすがと言わざるをえない。

事業者間協同を家訓として守り続けてきたイトーヨーカドー（ＩＹ）グループは、最近、長寿社会に

図 1·2　IYグループの配食サービス事業における戦略的提携の意義図

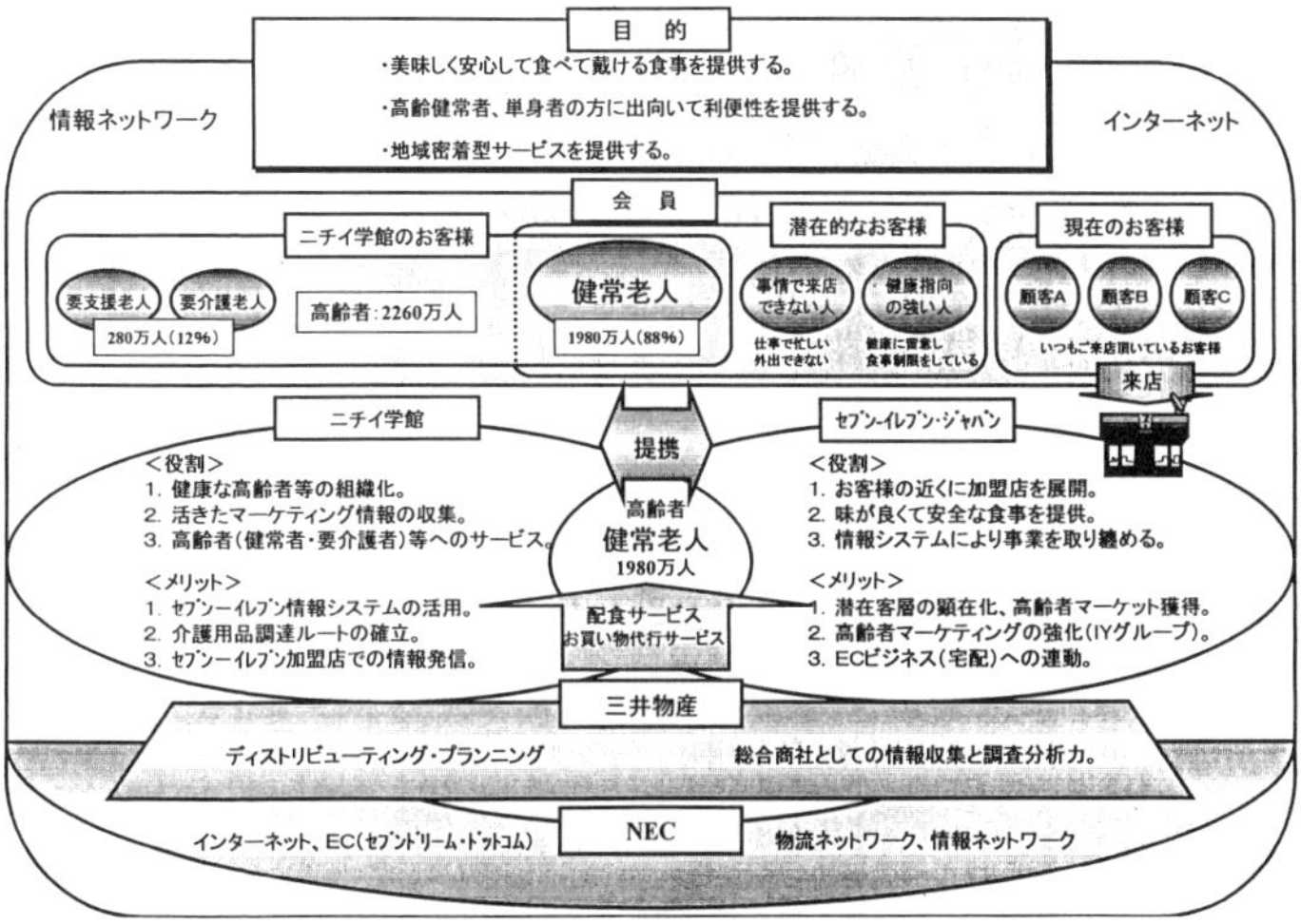

図 1·3　IYグループの配食・介護周辺サービス事業の全体イメージ図

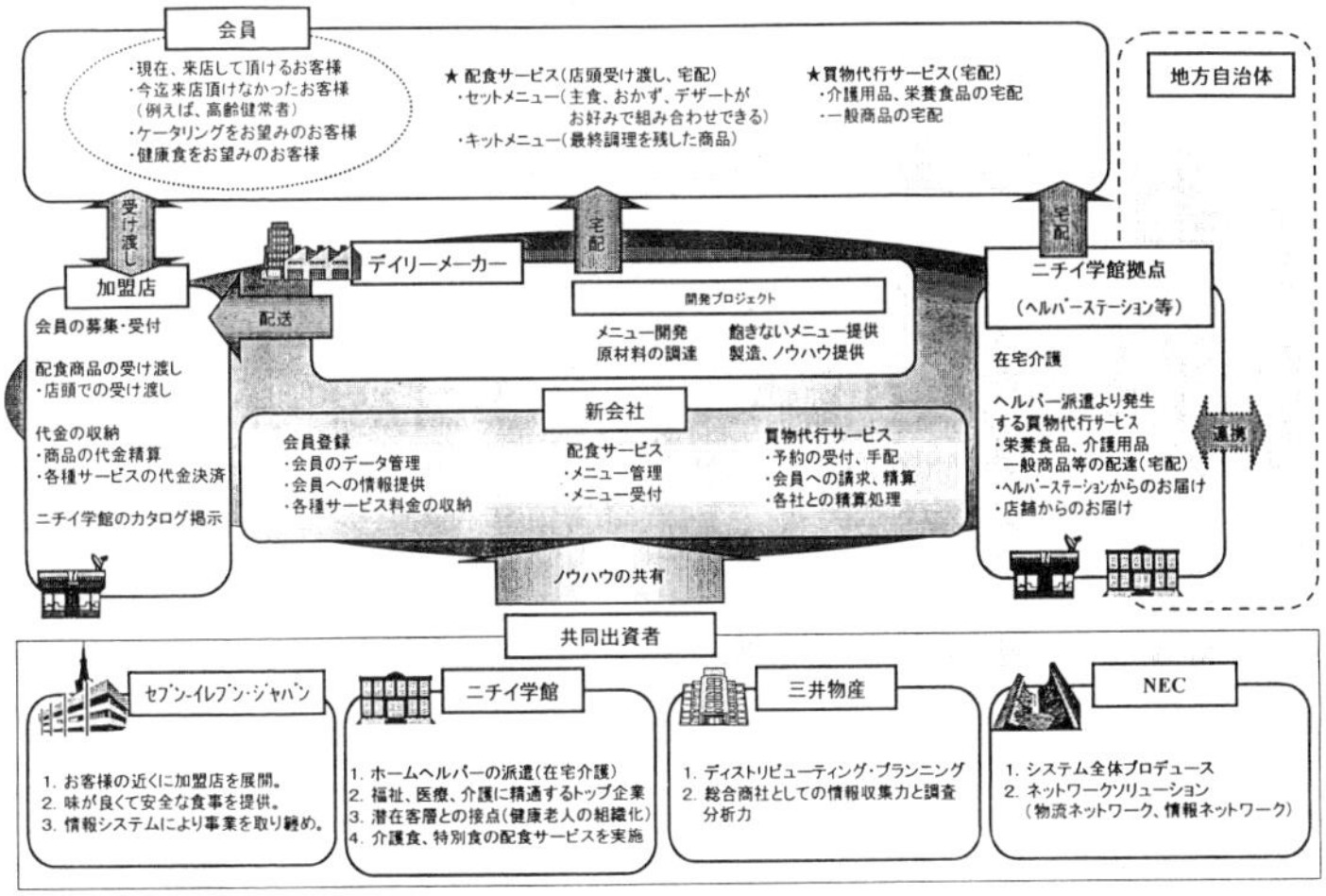

おける地域貢献事業として、ニチイ学館、三井物産、NECなどと共に、高齢者向けの配食サービス事業「株式会社セブン・ミールサービス」を立ち上げ、二〇〇〇年九月四日から、実験的に一部地域で営業を開始した。埼玉県の川口市と浦和市に限定しながら、この結果を受けて、次には東京都下、そして全国展開を計画して準備しているのである。

IYグループの広報資料は、「配食サービス事業における戦略的提携の意義」を、図1・2のようにまとめている。

また、「配食・介護周辺サービス事業の全体イメージ」として、図1・3に示すような構想も持っているのである。

競合の激化するなかで、地域貢献を事業者間協同を通じて、しかも無理をせずにタイムリーに実施に移している流通企業が存在するのである。本業における優位性は、さらに強化されるだけでなく、地域の信頼を背景に、空白地域への浸透がスムーズに展開していくことが予想される。

Ⅳ　官僚制と経営者支配

生協に話を戻そう。七〇年代から八〇年代を通じての生協の飛躍的ともいえる成長のなかに、すでに、今日の経営危機に繋がる問題点が、萌芽としては発生していたのである。地域における多数派形成に成功しつつあった生協は、生協法により、県域のなかでしか活動が許されていなかった。したがって、県域を越えた事業活動を準備するには、事業連合を組織することで、県域の限定を突破することになる。

形式的には、単協主権は保持されてはいるものの、事業活動に限定して、県域を越える広域の活動に乗り出すことになるのである。単品結集に典型化されているスケールメリット追求型の生協事業は、事業連合組織によって、一段と強化されることになった。東北三県、東関東、ユーコープ、東海、九州などが組織されていったのである。

組合員の要求は、つまるところ、事業内容に絞られる。単協法人の代表者で構成される事業連合理事会は、当初は非専従理事、いわゆる主婦組合員理事を排除しており、経済合理性の視点から運営されてきた。すなわち、共同購入商品政策、仕入政策、価格政策などである。そしてこれらの政策は、広域を視野に入れた店舗出店戦略やその順番にまで拡大されてくるのは時間の問題であった。ここにいたって単協の主権は事実上、形骸化され、事業連合の指導のもとで、形式的に存在するにすぎない事態が定着する。そこには、大単協の方針が、中小単協に押しつけられる現実が生ずるのである。これは、単協の総代会や理事会の決定も、事業連合の承認のないかぎり、事業として展開できないことを意味する。

かくして、自然人としての組合員を持たない法人代表による事業連合理事会が、事実上、事業活動を通じて単協の組合員活動を誘導し、限定することになっていくのである。もっとも、スケールメリットの恩恵は、中小単協にも還元される。単協独自では実現できない価格や商品仕入を「連帯」によって手に入れることができたからである。しかし、それは中小単協の意志が事業連合に受け入れられたのではなく、大単協の思惑との一致がある場合に限られることはいうまでもない。

地域に根ざした単協には、それぞれの地域の生活様式に密着した事業内容が求められる。商品に対する嗜好の違いは、きわめて地域性が高いものである。生活物資とくに食生活に見られる地域ごとの多様性は、地場食品の多様な味などによって決定的である。事業連合は、こうした地域の生活の多様性を無視し、スケールメリットとしての単品結集による効率性を基準に商品選定をすることになる。ここに典型的な経営者支配の誕生が見られることになる。もっとも、大単協においても、スケールメリット追求の結果、遠隔地の小さな組合員組織とか高齢者組合員のニーズなどが、量的なまとまりが少ないという理由で切り捨てられてきたのだが、こうした事態が、事業連合の成立によって加速され、組織活動に重大な影響を及ぼすことになったのである。

事業連合に対する組合員の生の声が届かないといった批判に応えて、単協から非専従の組合員理事を事業連合の理事会に参加させるような手直しもその後行われたが、事業内容の専門的な議論の場では、組合員の生活感覚は、それが多数を代表して採算に乗る場合には取り上げられても、少数のニーズの場合は切り捨てられることに変わりはなかった。

こうした事態は、生協の機関運営のあり方に重大な影響があると考えたので、私は『生活協同組合研究』誌の巻頭言で「『経営者支配』と組合員主権」を、一九九一年に書いたのである。この当時、今日のような生協の深刻な状況が直ちにくると予測していたわけではなかったが、それでも、常勤幹部の発想の固さ、狭さへの強い危惧を私は持っていた。したがって、一九九二年には、「消費と生産を結ぶ協同のシステム」を、同誌の巻頭言に書いたのである。この内容は、産直事業などで見られた協同組合間共同という狭い協同の型へのこだわりに対し、協同のシステムの本質は、消費の側のニーズ——それは価格や品質だけでなく、環境への優しさやリサイクルなどを含む要求——を、供給（生産）の側が受け入れてくれることこそが、生活視点に立った協同のシステムなのだという主張であった。この視点に立てば、民間大手企業との取引もタブーではないということを明らかにしたかったのである。ここには、消費者の組織化の一定の前進を踏まえて、生協戦線にもっと自信を持ってもらい、大胆に産消協同を生協側のイニシアティブで進める社会的条件の成熟が見られるようになったという認識があった。そして、それこそが組合員の要求でもあるという確信もあったのである。

同時に、こうした協同のシステムを一時的なものから、安定した恒久的なシステムに発展させるためには、政治的・社会的民主主義の定着とその制度化、そして専門的な技術に対する知見などを持つ必要があるとの認識があったのである。そのために、研究者集団（シンクタンク）の組織化とその位置づけが必要との提言を、同じ年に刊行した『生協 21世紀への挑戦』のなかに盛り込んだのである。この提言は、翌年の一九九三年六月に「くらしと協同の研究所」（京都）設立に結実していった。

しかし、生協陣営は、水面下で進んでいた危機的な事態について、少なくとも表面的には認識できていなかったのである。経営危機の兆候や粉飾決算の疑いを抱いていたのは、日常の仕事を支えていた生協職員の側であった。

一九九二年一一月に、生協労連は、道後温泉で「経営問題と労働組合運動」をテーマとした研究集会を開催した。労組のなかには、経営責任を負うべきは理事会であるのだから、労組として経営に責任を持つことはない。経営の実態を知れば要求も出しにくくなるという見解が根強く存在していたと聞いている。しかし、当時の現場感覚として、この問題は避けて通れないとの認識があったのであろう。経営者支配が一段と強まるなかで、表面には出ていないが、しのび寄る経営危機への不安が強まっていたことは事実であった。経営側が、かなりの危機感を持っていたことは、内部資料から窺えるが、そのうちなんとかなるという根拠のない思いを抱いて、ますます官僚的支配体制を強めていったのであろう。情報開示は、極度に押さえ込まれていたのである。

私は、一九九三年の『生活協同組合研究』誌の巻頭言に、「トップダウンからボトムアップへ」を書いた。経営危機の不安を解消するには、民主的機関運営により、組合員やパート・正規の職員のエネルギーを結集するボトムアップの運営しかない。しかし、それを実現できるのは、現状の生協としては、トップしかいない。トップダウンによるボトムアップの風潮を創り出す以外にない。トップが非協力なところで、ボトムがいかに努力しても、ボトムアップ・システムは成功できないという思いが、これを書かせたのである。この背景には、「コープさっぽろ」の労組幹部と協友会幹部に会う機会があり、当時の「コープさっぽろ」のトップダウン運営に対する内部からの告発と粉飾決算の疑いなどを知ることができたという事情があった。この時期、「くしろ生協」は、粉飾のぼろをつくろうために、密かに「コープさっぽろ」や道連、そして日生協に救援を打診していたのであるが、この事実は三年後まで知る由もなかったのである。

北海道の生協の経営問題が、「くしろ」を先頭に表面化するのは、一九九六年からである。経営不安の噂は流れてはいたが、まさかという思いのほうが強かったのである。しかし、事態は想像以上に悪化していた。生協労連が経営問題を取り上げた時点では、「くしろ」でいえば、相当深刻な事態が水面下で進行していたのである。それを一部の常勤が抱え込み、理事会にも報告していなかった。組合員に知られたらパニックになり、取り付け騒ぎが起こると思ったから、秘密裏に処理をしようとしたというのは、「くしろ」の元役員の話である。ここには、組合員蔑視の姿勢が鮮明に示されている。しかし、あとになって明らかになるのであるが、機関運営上の幹部の退廃は、北海道だけに限られていたわけではなかった。

V　社会的役割の強化と組合員幹部の成長

生協の設立に協力したものの、最初は協同組合とはなにかも知らなかった主婦組合員も、七〇年代、八〇年代、九〇年代と三〇年余の経験を蓄積してくると、もはや素人という水準を超えた成熟した組合員活動家に成長してくる。長い人生体験から、彼女らはこうした経験をひけらかすことは少ないが、専従幹部の組合員軽視や機関運営における官僚的対応に対しては、経験から得た直感と熱心な学習によって、時には、断固とした反論の意見を述べたり、総代との連携を強めて、改革の行動に出ることも珍しいことではない。

また、地域の課題への取り組みなどにも、ボランティアとしてのリーダー役を担っており、こうした組合員の成長した集団によって、地域貢献型のさまざまな活動が展開されるようになってきたのである。たとえば、阪神・淡路の大震災という異常な事態のなかで、組合員理事や総代、店舗運営委員の人たちは、だれの命令や指示もないなかで、メイト（パート）職員と協力して、コープミニ店を地域の助け合いの拠点として活動していたのである。地域の在宅福祉の取り組みやその事業化では、こうした組合員の力を欠いては展望も成果も期待できないのは当然である。しかも、こうした三〇年選手の主婦組合員は、事業活動の本流である商品や店舗について、しっかり意見を持っているのである。

供給過剰の現在、生協よりも、価格と品質で優れた商品・サービスを提供している地域業者のこともよく知っており、かつての生協党のように無批判的な生協信者でもない。生協専従が組合員を主権者として扱わないのであるなら、組合員にとって生協も一つの業者としての選択対象に変わるだけである。私の生協という想いがなくなったわけではないが、職員や幹部の対応や方針によっては、きわめてクールな付き合いにもなる。このような日常の広がりのなかで、経営的にピンチになったからといって、利用結集を訴えてみても、そう簡単に結集するということにはならないのは当然のことかもしれない。

Ⅵ 「コープしが」のケース

水面下では事情通には周知のことであるが、公式には日生協としてなんの批判も総括もない、現在も継続中の「コープしが」の事例を紹介しよう。

ことの次第は、一九九四年四月に、「しが」の専務が無断貸付を行ったことに始まる。すぐに謝ればなんでもなかったことなのに、ほおかむりを続け、ことが露見するや給与一〇％の三ヵ月減給で決着したとする処置をめぐって、問題が続いているというケースである。

監事が無断貸付の事実を知り理事長に報告するが、理事長は専務をかばって、一年間握りつぶすのである。事実を知った組合員有志は、専務、理事長の追及を始めるのだが、なんと生協の公式の会議の場での総代の専務の責任追及の発言を捉え、決着済みのことを蒸し返したとして、専務は、その総代を名誉毀損で簡易裁判所に告訴したのである。

一九九七年の「しが」の総代会は、荒れに荒れた。一回目の役員選挙で、組合員有志「たんぽぽ」の推薦する理事候補が支持を得たのである。それに対し、執行部推薦候補は惨敗を喫した。理事長も専務も支持を得られなかったのである。しかし、「たんぽぽ」推薦の理事は、理事定数の過半数に満たなかったために、その後、何回かの補充選挙の総代会が召集された。ここから常勤側からのすさまじい反撃が始まる。労組まで動員して、委任状と書面議決を取りまくったのである。この行動が最高に達した時点、第一〇回臨時総代会継続会では、出席四八五名の内、本人出席は一五二名、委任状と書面議決の合計は三三三名に達していた。実出席の総代の間では多数の支持を得ていたにもかかわらず、委任状と書面議決の数で「たんぽぽ」推薦理事候補たちは落選し、理事会では少数派となったのである。

この間の事情は、生協関係の紙誌を通じて明らかにすることはできなかった。編集担当に圧力がかかるからである。そこで、一九九七年一一月に開催された日本流通学会の統一論題で詳しく報告したのでである。その詳細は、日本流通学会年報『流通』一一号（一九九八年版）に掲載されている。

その後の「コープしが」の機関運営は、書面議決や委任状を取りまくった経験が忘れられないのか、同じやり方を現在も踏襲しているのである。このやり方を後退させると、「たんぽぽ」に負けるという危機感を持っているとしか思えないのだが、協同組合の精神は、機関運営上完全に失われてしまったといってもよいであろう。総代の実出席を怖れる常勤とは、生協の幹部として失格だと言わざるをえない。

こうした一連の動きに対し、批判を加え、「たんぽぽ」との話し合いを提案した「コープしが」の会長理事（元大津生協理事長）は、決着済みの事案を蒸し返したとして、会長職を規程から削除するという方法で、会長としての常勤役員の地位を失うことになった。また、元県連の専務は、書面議決の異常なまでの利用は生協法に違反しているとして裁判に訴えたのであるが、実出席と書面議決には法的に同じ権利を有するとして、この提訴は敗北したのである。

Ⅶ　生協運動の思想的危機

適法がそのまま適正とはいえないにもかかわらず、常勤側は、適法は適正として居直りを決め込んでいる。無断融資から六年、当時の理事長も専務も「しが」を去ってはいる。しかし、現常勤は、当時の路線を変更することなく、経営者支配と官僚的機関運営を継続している。「たんぽぽ」に集う有志は、大津地区の運営委員などを担いながら、その活動はいまも続けられているのである。この経過のなかでのエピソードとして、一九九七年に、一時的に勝利した彼女たちに、日生協連合会が妥協と譲歩を求めたことを、私は、いまでも忘れるわけにはいかない。

経営危機の強まるなかで、機関運営に見られる退廃が、さらなる退廃を助長する。協同組合の正義と民主主義は、そして組合員主権は、どこに消え失せたのか。このような動きについて控えめに触れた私の原稿「生協の思想的危機」は、『生活協同組合研究』誌の巻頭言として、なんでも自由に書いてくださいという編集部からの依頼原稿であったが、ボツにされて、活字にはならなかった。仕方がないので、前述の『流通』の報告に、追記と資料として公表するしかなかったのである。

私の個人的な経験だけで、日本の生協運動全体の評価に単純に結びつけるつもりはない。全国のいろいろな地域で、すばらしい活動や取り組みを進めている仲間がたくさん存在していることを知っているからである。しかし、ここに記述したわずかな経験は、ほんとうに生協運動のなかでは例外的なことなのであろうか。日本の生協の現状は、経営の危機という生やさしいものではなく、もっと深刻な思想的危機にまで転落しているのではないかとさえ思うことがある。

経営者支配を克服し、官僚的機関運営を協同組合的に再生させるためには、結局、組合員主権の実質的確立以外にないと思うのだが、組合員主権という言葉が建前として語られることはあっても、その実質化を追求することは、やはり実現不可能な理想としての課題にとどまるのであろうか。

「しが」の組合員有志「たんぽぽ」の六年を超える長い取り組みに接するたびに、なんの報酬も期待せず、手弁当で頑張っている彼女たちの「生協が好きなの」という言葉に励まされて、組合員主権の実質化のため、心あるトップや専従幹部集団、労組そして組合員に期待しながら、私の生協研究も続けていくことになるのであろうと思う。

（1）堀越芳昭「生協経営の危機と経営改革」（中川雄一郎編『生協は21世紀に生き残れるか』大月書店、二〇〇〇年、所収、九二頁）。

第二章　「開かれた生協」の意味するもの

――事業システムとしての生協――

神山　充

はじめに

消費生活協同組合は、きわめて乱暴に要約すれば、第一次産業革命が一段落した一九世紀のイギリスに、資本主義社会システムの矛盾に対するオールタナティヴを示す「先駆者」として登場した。その後、何度も危機に遭遇したが、それを乗り越えて生命力を発揮してきた。二一世紀を迎えた今日の生協における危機は、生活協同組合システムの「制度疲労」なのか、あるいは小売業としての経営（者）の失敗にすぎないのか、または「生協の原点」からの逸脱にこそ、危機の本質があると見るべきなのか。いきなり大上段に構えた物言いで恐縮だが、わが国における「生協の危機」をどのような視野で考えるかによって、それへの対応が変わってくる。

よりよいくらし、よりよい社会をめざすところに生協の究極の目標、存在意義があるとすれば、現代社会の環境変化に適応しつつ、環境そのものをよりよい方向に変革していくことが、その使命になる。この立場からすれば、原理的には環境と自組織の「絶えざる変革」こそ協同組合システムの遺伝子に組み込まれた特質であると思えるが、「絶えざる変革」自体が制度化してしまうことも、ありえないことではない。

協同組合システムが「制度疲労」を起こしているとする見方を裏づける「状況証拠」としては、協同組合陣営の不振だけではなく、協同組合を取り巻く環境の大きく激しい変化がある。事業分野では既存の重厚長大型の産業が低迷するのと対照的に、情報ネットワーク技術の高度化を背景とした新しいビジネスモデルが生まれつつある。社会的な分野では、ボランティアやNPO（非営利組織）、NGO（非政府組織）などの元気さや活躍が注目される。

ところで、こうした時代に対応している「消費者」像は、「社会的弱者」として保護・教育されるべき対象というものではなく、ある意味ではメーカーよりも高度な商品知識と選択眼を持ち、ある場面では商品を宣伝し普及に努めたり、メーカーにも想像できない利用価値を創造したり、商品の改善や開発を行うなど、これまでメーカーの領域と考えられてきた分野にも踏み込む主体的な「生活者」像である。たとえばパソコンソフトについては高度な利用者であることがこうじて、普通の会社勤務を続けながら、より使いやすいアプリケーションソフトを自分で開発して公開するような事例がそれほど珍しいことではなくなっている。

また、パソコンについては高度な知識を有する生活者が、ファッションや食生活にかかわる商品にはほとんど知識がないということもありうる。この場合、自分にとって必要だが知識としては乏しい分野では、インターネットを通じて「その道のプロ」の知恵を借りる、というようなことが起きるから、総体としては生活者の知識レベルがきわめて高度化する可能性がある。これがオープン・ネットワーク時代の生活者のありようと見ることができる。

生協は、「くらしを守る」という社会的な課題について、従来は「社会的弱者」としての消費者の結合体として機能することが期待されてきたといえよう。[1] しかし、この「消費者」像に揺らぎが生じている。インターネット生協など、オープン・ネットワーク時代の新しい「生活者」像を構成員の中核として描いた動きも加速しつつある。これにあわせて、従来の生協を改革していくことが、「生協生き残りの道」だとする考え方もある。

一方、商品世界は、ますます高度化・複雑化していくために、多くの人々にとって商品は利用者とのインターフェイスの部分のみが目に見えるものとなり、製造プロセスや構造的特性などはますます生活世界の現実感から遠ざかっていかざるをえないという事情がある。エンジンの構造を知らなくても自動車を利用することは可能であり、生命を左右するはずのブレーキの構造や品質について知識のない生活者も多数存在する。あるいは、食べ物の安全に気をつけたいと考えても、それがどこでどのようにつくられて運ばれているのか、日常的には見えなくなっている。製造工程の実際も、事故が起きて初めて知りうるような状況にある。つまり、「弱者としての消費者」は生産され続けているのである。

本章では、共同購入を中心的な事業として七〇年代に大きく成長した、いわゆる「市民生協」を「事業システム」として読み直してみることによって、その組織構造と特性を生かしつつ、こうしたオープン・ネットワーク時代という事業環境に適合した「事業戦略」やマネジメントのあり方を考える手がかりをさぐることを課題としている。

I 「生協」というシステム
――「くらしの協同システム」としての生協――

生協は、協同組合陣営の一員として、「事業を通じて生活の文化的、経済的安定と向上をめざす組合員（消費者）の組織」として、ひとまずはとらえることができる。今日の生協が将来に引き継ぐべき「資産」として、事業システムとしての特性の棚卸を行ってみたい。ここでは、名古屋勤労市民生活協同組合（以下、めいきん生協と略称）を事例として取り上げることにする。

めいきん生協は、一九六九年に設立された名古屋都市圏を活動エリアとする生活協同組合である。めいきん生協の現況（一九九九年三月二〇日現在）をホームページから引用すれば、表2・1のようになる。[(2)]

めいきん生協の事業範囲は多岐にわたっている。これはめいきん生協に限ったことではなく、「日本の生協は消費生活の協同を機軸に、消費の側面のみならず、生活の領域の多様な組合員の協同活動を基礎に多面的な協同事業へとその領域を広げて」おり、「くらしの協同システム」であるとする論者もいる。[(3)]しかし、事業領域が広いことをもって、「くらしの協同システム」であるとはいえない。その内実が検

表2・1　めいきん生協の現況（1999年3月20日現在）

名　　称	名古屋勤労市民生活協同組合
住　　所	本部事務所　名古屋市名東区猪高町大字上社字井堀25-1
組合員数	199,152人
出 資 金	36億円
職 員 数	
・正規職員	613人（男性532人，女性81人）出向者含む
・コープメイト	769人（定時職員）
・アルバイト	475人（定時職員）
	合　計　　1,857人
事 業 高	
供給事業	※1998年3月21日～1999年3月20日
総利用高	382億円
共同購入	257億円
店　　舗	112億円
モーニングコープ	12億円
酒・灯油・呉服	1億円
利用事業	
生活サービス（旅行・文化）	3億円
天白文化事業センター	0.2億円
会館喫茶	0.1億円
住宅事業	0.54億円
共済事業	4.8億円
そ の 他	3.7億円

討されなければならないことはいうまでもない。

めいきん生協は、西暦二〇〇〇年を前に、「事業組織として存続の危機」にあると自らを規定し、経営基盤の確立を中心課題として、事業経営で言えば、おおむね次のような状況であることを、職員向け文書などで報告している。

・とくに九四年以降の加入者で低額利用者の割合が急増している。

・九四年以降、共同購入登録組合員が相対的に減少している。

・商品別にみると、米・精肉・菓子・鮮魚などの落ち込みが際立っている。

・班共同購入は、前年比で九五％前

図2・1　めいきん生協の総供給高と組合員数の推移

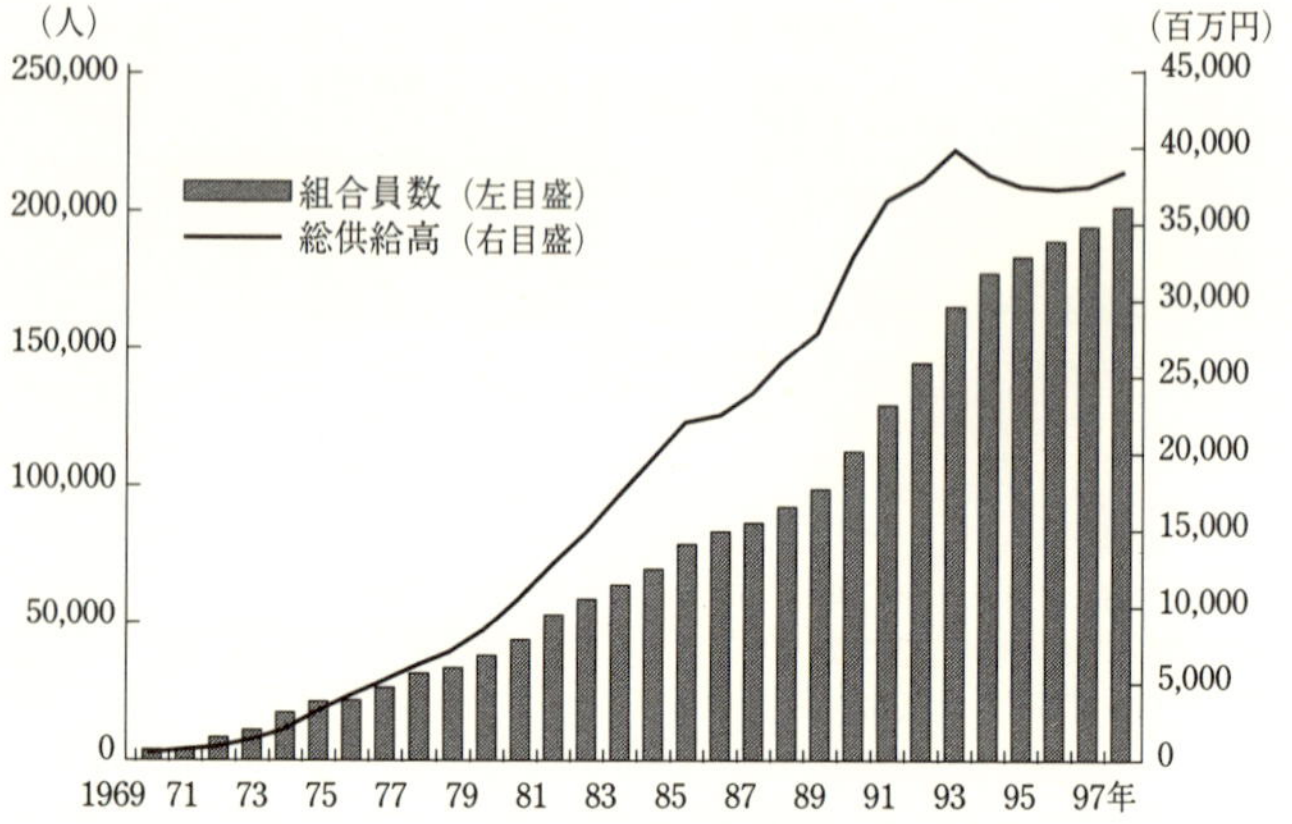

後（利用人数でも前年比を下回る）の状況が続き、ピーク時の七〇％強になっている。

・JSS（共同購入システムの枠内で戸別配達を行う事業方式――筆者注）など個人対応事業は伸びているが、班共同購入の減少分をカバーするほどではない。

・総じて、班利用人数の低下と一人あたり利用減が配達効率の低下に直結しており、共同購入の事業損益の低下を招いている。

・店舗のほうも、経営全体の赤字構造に変化をつくることはできていない。

1　めいきん生協というシステム

めいきん生協は、一九六九年三月一一日、「千種区の主婦一三三〇人と一三人の専従者が名大生協の支援を受けて創立した」とされるとおり、大学生協（事業連合）による地域生協づくりという戦略課題を担う名古屋大学生協の二〇代の青年たち（学生を含む）を専従的な組織者の中核として、大学職員の住む地域を中心に、（単発的な）共同購入活動に取り組んでいた「主婦」などを組織して設立された。

一九六八年から六九年にかけて、全国的には学園紛争が激発し社会が騒然としていた時期である。消費生活にかかわって言えば、当時の名古屋都市圏（名古屋市内および隣接地域を含む半径二〇キロメートル圏内）の人口の伸びは急速で、都市問題としての消費者問題も顕在化しつつあった。名古屋市地域婦人団体連絡協議会、名古屋クラブ婦人団体連絡協議会が「生活学校」を開校して、身近な商品やサービスを取り上げ、事業者に問題を提起し改善させる学習と実践の活動が展開されるのも、この前後からである。(4)設立趣意書には、当時の情勢認識とミッション（使命）が簡潔に、だが熱っぽく語られている。(5)

2 大学生協による地域生協づくり

京都の同志社大学生協が支援して一九六四年一一月に設立された洛北生協（のちの京都生協）、北海道の札幌市民生協（一九六五年七月に設立。のちの市民生協コープさっぽろ）、そして一九六五年一二月、東京都内の労働者福祉協議会の活動を基礎に、大学生協・東京地連が支援して誕生した所沢生協（一九六九年に埼玉市民生協と改称、その後、合併などにより一九八二年にさいたまコープ）などの成功をふまえて、以後、大学生協の直接支援のもとで全国的に「市民生協」設立の動きが高まる。(6)

めいきん生協の設立も、この流れのなかにある。名古屋都市圏におけるこの事業は、名古屋大学生協が中心的な担い手となって、名古屋大学のある名古屋市東部を中心に進められた。

四〇名の発起人のなかには、「主婦」とともに、名古屋大学の学生出身で名大生協専務理事になっていた田辺準也氏も名を連ねている。田辺氏は、めいきん生協設立後、専務理事となり、長らくその指導的立場に身を置くことになる（一九六九—八九年の二〇年間、専務理事、一九九〇—九六年、副理事長）。

六〇年代後半から七〇年代にかけて展開され、急速に成長した「市民生協」タイプの生協の多くは、このように、一面では、大学生協による地域生協づくりの成果と見ることができる。(7)

この時期を含むわが国生協運動の歴史を総括する能力は私にはない。日本生協連が発行している職員向け通信教育テキストが要点を簡潔にまとめているので引用しておこう。

「一九六〇年代の停滞期を乗りこえて既存の生協が地域に影響を拡大しはじめるとともに、大学生協が積極的な地域生協設立支援運動を展開しはじめ、主要都市に市民生協と呼ばれる新しい形の地域生協が生まれ、急速に発展していきました。

市民生協の特徴としては、消費者運動やさまざまな市民運動の高揚を背景として生まれてきた点、運動の主体が労働者ではなく地域の主婦組合員であった点、大学生協の支援により当初から明確な経営戦略と経営技術を持ち、都市周辺の新興住宅地に計画的に展開し、急成長をめざしていた点、などがあげられます。

この市民生協の戦略は、都市への人口集中という人口構造の変化の中で、商業環境の劣悪さに不満を持ち、人間同士の温かい結びつきによる相互連帯の欠如に悩んでいた主婦たちの要求に応えたものとなりました。(8)」

るといえる。

II　事業システムとしての生協

1　購買協同モデルと購買代理モデル

「共同購入」という事業のしくみと組織について、やや抽象化して考えることにしよう。

草創期の共同購入組織は、主婦が自ら購買活動を行う組織であった。文字通り「購買協同組織」[9]であるといえる。

「産直で穴のあいた野菜を自分が買うだけでなく、班の人や近所の人に安全な野菜だと売り歩くことで何かを実感することがありました」「組合員の思いでトロ箱の魚を売り歩くといったことなど当たり前のことのように思っていました」と、現在はめいきん生協の副理事長を担っている田中紀子氏がのちに述べているとおり、組合員が自ら購買活動（同時に販売活動でもあった）に参加することは当然のように行われていた[10]。生協で「組合員が主人公」という表現で理解されている内容は、少なくともめいきん生協にあっては、こうして組合員が購買（販売）活動に直接参加することであった。

協同購買は、協同販売でもあるから、組合員が売り歩く商品を「買う人々」もいたことになる。この段階で、生協というシステムは、自ら購買協同を行う組織であると同時に、他の人々のために「購買代理活動を行う」組織であったと見ることができる。なお、「専従者」は、ここでは黒衣の位置にある。

多数組織された組合員は、購買協同組織の正式な一員だが、その活動を購買協同組織にいわば「委任

図2・2　めいきん生協の初期の組織構造モデル

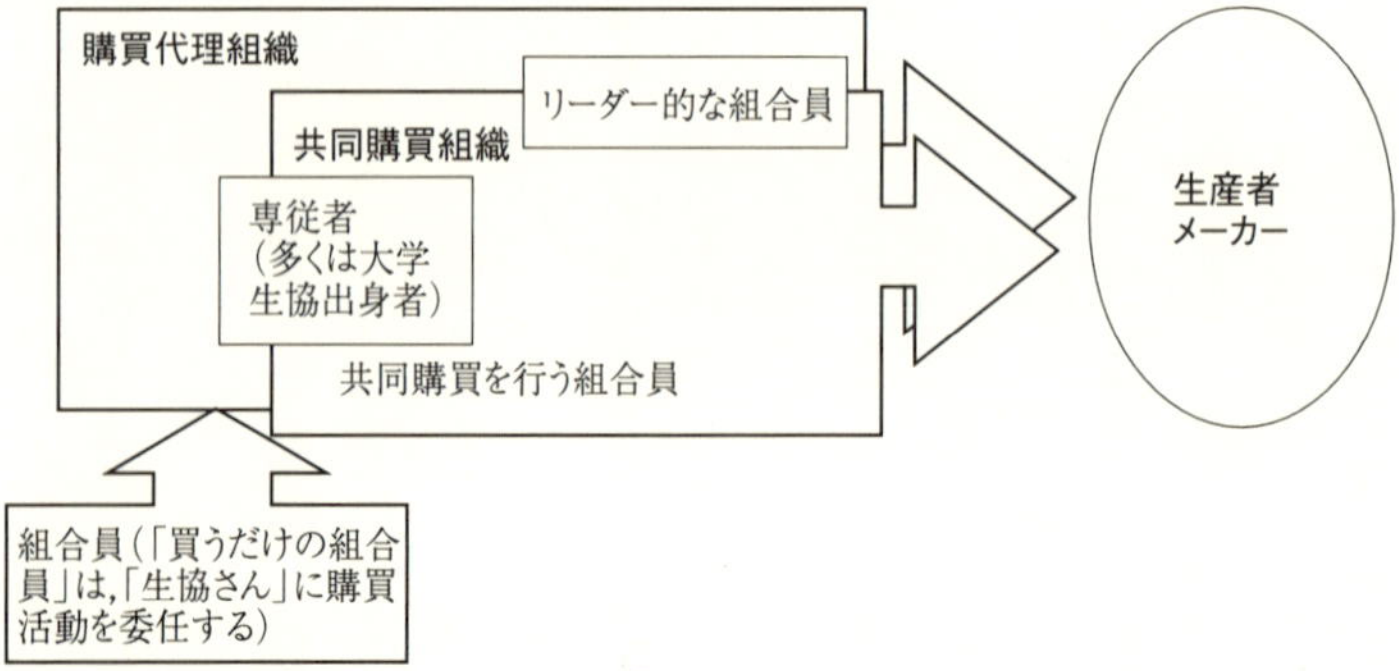

状」を出して購入してもらう人々でもあった。委任状というのはもちろん象徴的な言い方である。購買を委任した人々も、購買協同組織の一員として振る舞うことが要請されていたわけであるから、購買の「議決権」をもつメンバーが代理人に購買活動を委任しているとみることができる。こうして、購買協同組織での実働組合員と「委任状提出組合員」との間は一定の緊張関係と融合の関係にある。

めいきん生協モデルでは、「購買協同組織」は専従者が黒衣として支える「組合員の」組織である。一方、購買代理組織では、購買協同組織が代理人として機能するが、専従者（従業員）は黒衣ではなく購買代理事業の担い手として前面に出てくることになる。

さらに、時間軸をここに入れて考えよう。初期には「（狭義の）購買協同」モデルとして描くことができるが、組合員の増加にともなって、次第に「購買代理」モデルとしての性格を強めていくことが理解される。「購買代理組織」の性格が強まっても、めいきん生協の場合は「（狭義の）購買協同」モデルであり続けるための努力を継続している。たとえば、生協をより小さい「地区」という単位で運営し、地区が分担して共同購入の企画を立案し（つまり共同購入の注文書づくりを組合員が行って）みんなで利用するというしくみをつくった（一九八〇年代半ばから実施）のは、その例である。

このように、生協をモデル化することで、店舗を利用する組合員、個配事業を利用する組合員も統一的にとらえることが可能になる。すなわち、これらはいずれも、購買を信頼できる代理人としての生協に委任していると考えられる。セルフサービスの店舗は、建物（立地）、品揃え、商品そのもの、陳列など、ハードとソフトの組み合わせによって、購買代理活動を容易にしている。人的な協同（労働）の部分をこうした「装置」に置き換えることで効率化を目指しているシステムである。個配も、そのシステムが購買代理装置となっている。通常、店舗を利用する組合員が、「個人」で買い物をするのと同様の意味で、組合員が個配システムの利便性を利用する。

さて、「委任状提出組合員」は、権利義務を行使しないフリーライダー（ただ乗り）であるとの批判もありうる。現に、「買うだけの組合員でよいのか」という議論は、めいきん生協内でも繰り返し行われ、「組合員が主人公」という視点から、こうした組合員は批判の対象とされることも多かった。これは購買協同組織モデルを強化しようという動きとして理解される。しかし最近では、めいきん生協にあっても、「利用することが（も）組合員の活動である」というふうに整理されつつある。この転換の持つ意味は大きい。購買代理組織へのモデルの転換を意味するからである。さらにいえば、これは、協同組合という組織をクローズドなシステムから、「顧客組織」としてのオープンなシステムへと転換していく可能性を持っているといえよう。

これまでの分析は、主としてめいきん生協の一九八〇年代半ばまでの状況をベースにしている。その後、九〇年代は、一方では「事業連合の時代」ともいえる状況になる。愛知県・岐阜県・三重県の消費生協を糾合する試みの全体的な総括をここでは取り扱わないが、事業部分の集中化は、さきのモデルにあわせていえば、いわば販売代理モデルへと転換する危険性を内包しているといえる。

2 事業システムとしての情報技術の利用

共同購入は、原理的には、組合員の商品要望を注文書への予約注文として集約し、商品調達を行う。入荷した商品は「班」ごとに配達され、消費者は班における荷分けを経て商品を手にするシステムである。当初はこの全工程のほとんどを人手に頼っていた。

その後、全国的には注文を集計し仕入先別に発注するシステムとして、組合員が書いた注文数字を読み取るOCR方式の注文システムが、一九八一年から八三年頃にかけて導入されている。同時期に、班別に通い箱にパックされた状態で班に届けるシステムが採用される。物流センターに入荷した商品の班別仕分け、箱詰め作業には半自動のピッキングシステムが導入された。これはコンベア上を流れる通い箱に、商品棚から指示された個数を人手によって取り出して箱詰めするという流れ作業で、単純作業の作業者を多く必要とする。代金の決済システムは組合員の預金口座からの自動振替も、全国的には八〇年代半ば頃から導入されている。こうしたシステム化は全国の生協で八〇年代に入って導入され、八〇年代の後半に急速に進んだ。この頃に急速に発展したコンピュータ技術によるところが大きいといえよう。このシステムの導入によって、大量の注文を短時間で処理することが可能になった。つまり組合員の急速な拡大に対応できることになったのである。

このシステム化は「商売的に言えば、客を増やし、客単価を増やし、しかもローコストにしていくという三つのことを、一気にやった[11]」といえるが、システムとしてはすでに八〇年代半ばに「成熟」期を迎えたとみなされている[12]。

これに対して、めいきん生協は独自の歩みをとっている。大学生協の経験や、勤労者生協などの失敗の教訓から、出資に見合う範囲での（限定的な）事業展開を考え、当初、小規模な地域生協（たとえば「名古屋市東部生協」というような）と、その連合体を構想していた。一九七六年当時の職員向け資料によれば、協同組合の特質としての「三位一体」を次のように説明している。

○出資――「消費者の意識改革」「出資に見合う事業」

○運営――基本ルート＝「理事会　総会　班」と「専従者（雇用労働者ではあるが）も組合員であり、その専従部分」

○利用――「員外利用の禁止」「商品を組合員自身の選定にゆだねること」＝組合員全体（または代表）の多数決。一度決めたら、他の商品は扱わない（単品主義[13]）。

しかし組合員の急速な増加などの事情からこれを断念し、全県的な組織を展望する方向へ転換した経緯がある。

注文書のＯＣＲ化に対しても、繰り返し議論を行った結果、共同購入については、注文書といっしょに「注文電卓」という注文・集計端末（ICカード方式）を班に貸与して回覧するというユニークなシステムが独自に開発され、一九八八年七月に導入される。ピッキングシステムの導入は一九八九年一〇月、班別の出庫が始まるのはその二年後一九九一年三月、代金の預金口座からの自動引き落としは、さらに遅れて一九九七年度からとなっている。

3　共同購入の発展としての「生活協同センター」構想

めいきん生協には、「（限界のある）共同購入から（機能を拡張した）生活協同センターへ」という戦略的な構想があった。つまり「共同購入と店舗という二つの業態」の確立という発想ではなく、「生協らしく」統合、発展させた「生活協同センター」づくりが、戦略課題として提起されている。共同購入の「改革」＝システム化よりも「生活協同センター」づくりにウェイトがおかれたのは、共同購入の「限界」を早くから強く意識していたからでもあった(14)。めいきん生協は、設立当時から「一時的な共同購入」に対して「限界」を見たうえで、「生活の協同を継続的に行う事業」を展望してさまざまな事業を模索してきた経緯がある。ここから「生活協同センター」へのベクトルが強く働く戦略的な展開となっているのである。

しかし、現実には、さきに見たように、この構想は現在のところ成功しておらず、むしろ危機的な事態にいたっている。

表2・2　オープン・システムとクローズド・システム

		オープン・システム（市場的） （顧客の側に大量の情報がある）	クローズド・システム（共同体的） （メーカー側に情報がある）
消費者	メリット	好きな商品を選択可能 第三者が発信する情報も得られ比較が可能 競争原理により価格の引き下げが可能	システム内では同質の情報が流通，共有化しやすい 知識がなくても安心して任せられる トラブル時には，クレームが言え，損害は補償される
	デメリット	知識がないとかえって選択肢が狭まる 市場との価格競争になる 個人情報がオープンになる危険性がある	商品の選択肢が狭まる 価格の選択幅が狭まる 内部での信頼性が客観性を持つかどうかは不明
生産者	メリット	資源の効率的運用が可能 「連結の経済」が可能 売り切りではなく，提供する利便性への対価によって継続的に収入を得る（サービス化）	利益が確保しやすい リスクが少ない 顧客の囲い込みができる
	デメリット	顧客のメンバーシップが希薄になる 顧客についての情報入手が困難になる 利益率が低下する 外部への透明性が求められる（独立性が脅かされる）	新規参入がむずかしい 市場拡大は顧客の拡大か扱い商品の拡大。扱い商品の拡大は商品コンセプトが不明確になる 資源の利用が効率的ではない

4　「開かれた生協」組織

もともとオープン・ネットワーク時代のビジネスモデルは、オープンな市場を前提として、処理能力を超えて情報を大量にもった顧客が購買を代理者に委任するという顧客優位のモデルである。このモデルの特徴として、顧客間の関係性、顧客と生産者の関係性が新しい形で発展することを含んだモデルでもあった。情報共有をベースに地域というフレームを超えたコミュニティ（共同体）とでも呼べる空間が生じているのである。

表2・2は、山田英夫氏が製品規格についてオープン・システムとクローズド・システムを対照した表[15]をベースに、ビジネスモデルのオープン・

システムとクローズド・システムの対照として再構成したものである。「消費者」を組合員、「生産者」を事業者としての生協と読み替えることによって、めいきん生協の事業システムとその困難さの事情をとらえることができる。めいきん生協は、これまでクローズド・システムのメリットを享受してきたが、組合員の拡大にともない、組合員がオープン・システムのメリットを求める力が強まった。それへの対応をさまざまに図りはしたが意図どおりにはいかず、逆に、現状では「危機」を迎えている。その現象は、クローズド・システムとオープン・システムの両方のデメリットが前面に出るような状況であるといえる。

めいきん生協は全国の生協のなかでは独自の地位を占めており、そのモデルを生協一般モデルとすることはできないが、オープン・システムとクローズド・システムという二つの軸への対応方法と組織設計のありように、今日の生協危機の要因の一端があることは指摘できる。

Ⅲ　生協における働きがいとマネジメント

1　生協の組織特性が生協労働を規定する

事業システムの構成要素としての「人」の問題にも触れておきたい。

ここでは、生協労働を、「生協の組織目的を達成するために必要な課題や業務を遂行する労働」と定義しておく。この場合、雇用関係や契約関係の如何にはかかわらない。したがって、担い手も「(正規

図 2・3　生協に固有の機能と役割（CME）

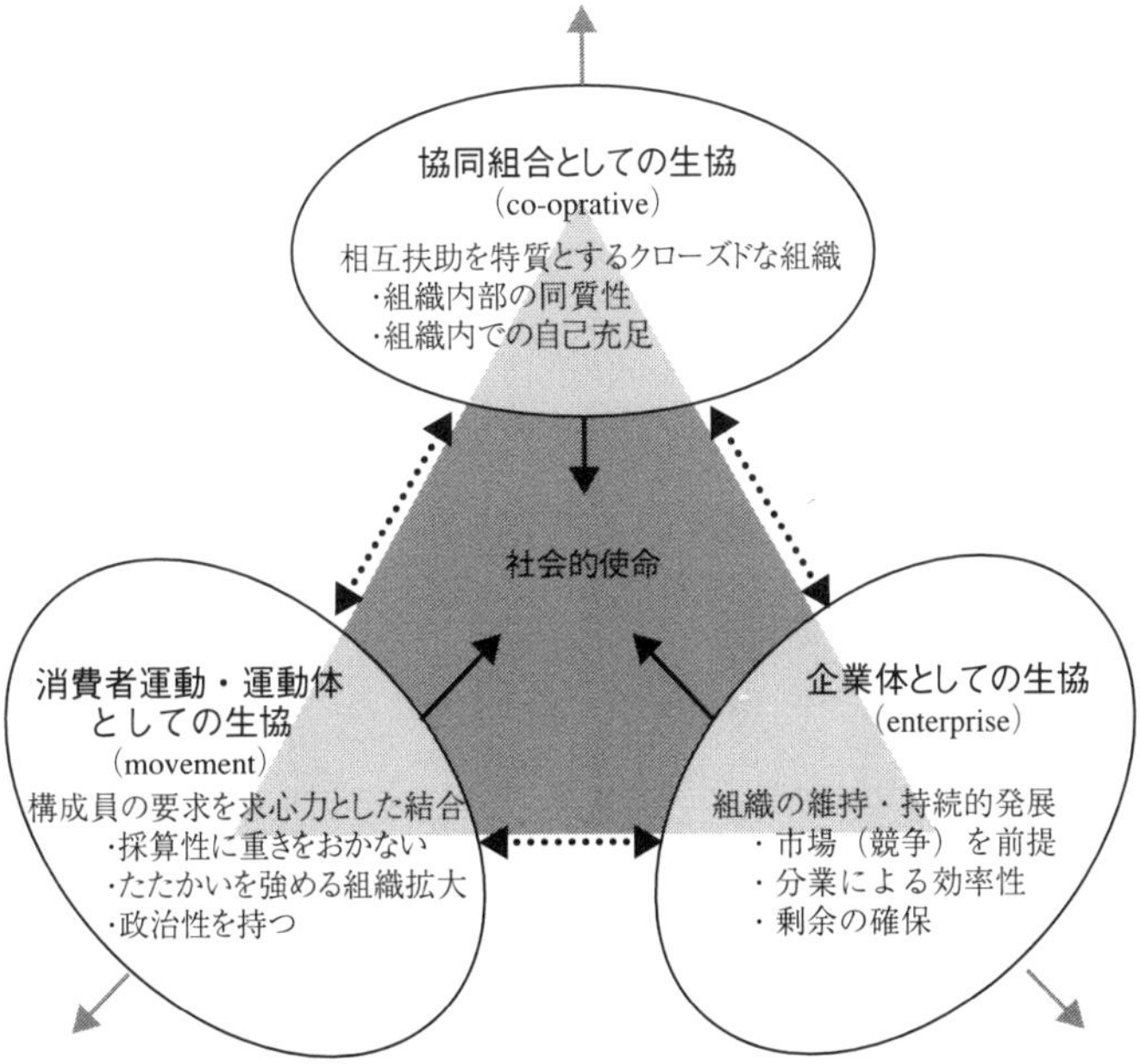

雇用）職員」には限定されない。狭義には、以下に述べるような生協固有の組織特性をダイナミックに統合する、生協に固有の機能・役割（CMEリーダーシップ）をいうことにする。

すなわち、生協の組織は、「協同組合」（Co-operative）、「運動体」（Movement）、「企業体」（Enterprise）という三つの異なった組織特性を内包していると見ることができる。事業システムとして見た場合、組織行動は、それぞれの組織特性がもつ異なった契機がはたらく。これを統合するものが、「組織目的」であり、「ミッション」（社会的使命）である。いうまでもなく、生協の場合は「生活」が中心テーマ（対象でもあり、主体形成の場でもある）となっている。生活は、協同性を内包しながら、総合性、全面性を特質としているので、CMEと、その統合プロセスも、総花的になりやすいという面があるが、いずれにしろこれに規定されることになる。

CMEをダイナミックに統合することが、生協固有の課題となる。つまりこれが生協における専門労働＝狭義の生協労働といえる。これ以外の労働は、正規雇用の労働者によって行われていても、たとえば大衆運動の専従活動に類似の労働である場合があり、流通労働者の専門労働に類似の労働である場合もある。

このように規定することの意味は、従来の生協労連のいう、労働者としての一般的使命と生協運動の担い手という「二つの任務」論や、生協専従者論、生協職員論などの研究成果をふまえつつ、担い手の雇用条件などにかかわらない生協労働に固有な機能に着目してのことである。

たとえば、スーパーマーケット・タイプの生協店舗におけるチェッカー労働は、分業による専門労働（接客・登録など）を由来とする「企業体としての生協」労働という面が強い。これが狭義の生協労働であるためには、その労働が正規職員によって担われているかどうかではなく、CMEの統合プロセスをどのように盛り込む（練り込む）のかが課題、ということになる。

「統合する」とは、異質なもののバランスをとり、調整しつつ、シナジー（相乗）効果を生み出すための一連のプロセスであって、多かれ少なかれリーダーシップという側面を持っている。リーダーシップは、一般に、「統制」（統御）と「変革」という性格をあわせ持っており、生協労働の最も高度なリーダーシップが、いわゆる「トップ」によって担われると考えられる。

2 生協労働における働きがい・やりがいの問題

生協労働を以上のようにとらえたとき、生協労働者の働きがい・やりがいの内容もCMEそれぞれの契機にそくした「働きがい」「やりがい」がそれぞれあるということになる。狭義の生協労働における働きがい・やりがいはこれらと融合しながら独自の領域を構成する。

たとえば、共済キャンペーンにおいて、契約件数が目標を超えて達成できたことによる達成感、それを評価されることが期待されて、やりがいを感じるケースなどは、その限りでは保険業の営業労働における働きがいと質的には同等であることが想像される。対象が組合員であるか、不特定多数の顧客であるかは、この場合、大きな要素にはならない。共同購入の配達で組合員から喜ばれることに働きがいを感じることも、その限りでは宅急便の配達労働と実質的には同等の、サービス労働者としての働きがいに近い。これらが質的に「低い」という意味ではない。生協労働に固有のものではない、という意味である。「生協における仕事を通じた働きがい」の構成部分であることはいうまでもなく、こうした働きがいの内容をさらに発展させることが、狭義の生協労働における働きがいとなるようにしなければならない。CMEの強い契機なしに、その統合はありえないのであるから、これは当然のことである。

3 仕事のあり方と生協像にかかわる事例の検討

(1) 商品を媒体とする関係創造を運動的に展開するタイプ

ちばコープは、職員が元気であることが知られている。「声を聴き、その要望にきちんと応えることで、組合員が喜ぶ」ことを仕事の核にしているといわれる。ここでは詳細に論じることはできないが、実際には、商品部改革→〈現場改革〉→組合員組織改革というように、「現場の事実」から動く組織づくりを行ってきた。学識理事の配置と活用、組織風土づくりにおける顧問の活用、事実を物語化・情報化して共有するスキルの養成、さらには他生協からの見学受け入れによる評価の組織内へのフィードバックなど、用意周到なしかけが施されている。

「人」に注目したチームのマネジメント（チーム運営）が徹底され、「現場の事実」をベースにした問題解決型の組織運営（事例研究）が行われている。人と人との関係のあり方に着目したアナログ情報の共有化システムによって、「管理」からの脱却をめざしている。

この成功の核になっているのは、逆説的ではあるが、「人」ではなく、「商品」に焦点をあてていることである。このことによって、共感・共有による同質性が確保され、逆に異質な人をつなぐことに成功している。「商品」が組合員の同質性を確保するための媒体となっているわけである。ここでの労働のあり方は関係づくりであり、調整機能・情報機能などが機軸になっているにもかかわらず、あくまで「商品」を中心にしているので、人間関係が内向きとならず、負担感が少ない。つまり、くらしのあり方は「醸し出される」「浮かび上がる」という感じになることから、共感が生まれ、肩肘を張る必要がない。トップのリーダーシップは、現場の事例に光をあて、実践を評価し、価値的な意味を付与することに重点が置かれている。

従来の機能別階層型組織やネットワーク型組織とも違った、独自の組織と仕事のあり方といえる。ただし、仕事の機能的な合理性は犠牲になっているように見受けられる。機能の重複、マニュアル化できない個別対応、情報共有のためのミーティングや膨大な仕事量など、結果として長時間・過密労働になっていることが想像される。同じ「たいへんな仕事」なら、「やりがいのある労働」を志向するという労働者によって支えられているといえよう。

現在は、職員労働から組合員組織のあり方にステップ・アップしており、共済などを「ヒューマン・ネットワーク事業」として、「かかわり方」そのものを事業化しようとしている。

筆者は、これを「事業そのものを運動的に展開する」タイプと見ている。めいきん生協のビジネスモデルは、構想としてはこれに近いものであったといえる。

(2) 運動と事業とを区別したうえで統合するタイプ

これに対して、いわて生協の店舗運営は対照的である。結論を先に言えば、「事業と運動とを切り離したうえで（別物として認識したうえで）乗り越えて統合する」タイプといえるのである。

「組合員が喜ぶことが仕事である（それ以外は仕事ではない）」。理事長が強調するこうしたとらえ方は、ちばコープと大きな違いはない。しかし、いわて生協の実際の運営では、農業・食糧問題や消費税問題など大衆運動的な課題を前面に出しながら、店舗のオペーレーションは（これとは別に）「スーパーのカギは生鮮四品の鮮度だ」として既存スーパーマーケットを超えることをめざしている。スーパーマーケットという事業方式（来店者によるセルフサービス購買）における市場競争を、運動を旗印にして戦い抜くという戦略的な選択を行っているように思われる。そのため、スーパーマーケット労働をま正面から乗り越えようとする（身につけて、それ以上のことをやる）。「地域でいちばん鮮度のよい魚を食べてもらいたい」。そのためには（夜中に買い付けに出向くなど）なんでもやるということにもなる。これは市場原理にしたがった行動でもある。運動を掲げて戦うわけであるから、理事長の強力なリーダーシップの発揮が必要となる。職員組織は「仕事改革」を行い、半期に一度の幹部集会で事例発表を行って、現場情報を共有化するなど、企業としての生協、協同組合としての生協との統合を図っている。「切り離したうえで統合する」わかりやすい事例としては、「消費税を許さない五％引きセール」があげられるだろう。五％引きセールそのものはその後、一般スーパーにも取り入れられたように運動課題そのものではない。単なる客寄せキャンペーンとして実施することも可能である。消費税という運動課題を掲げればよいというものでもない。どのように練り込むかが問われるわけである。

(3)　首都圏コープグループに見る生協の新しい組織構造

「個配事業」をいちはやく事業化した首都圏コープ事業連合とその加盟単協（以下、首都圏コープグループと呼ぶ）の事業的な躍進は著しい。首都圏コープグループは、「二一世紀型生協」の創造をめざして挑戦的な課題を掲げ研究を重ねていることも大きな特徴である。個配事業などでは、配達の外部化など、従来とは違った事業組織になっている。ここでは生協労働は「パーツ化」され、担い手も常雇用者であるかないかを問わない。求められる仕事を最も効果的に達成することが（市場原理にしたがって）求められるだけである。

これまでの生協は、「（市場でも公共だけでも達成できない）組織目的を、市場原理とは違ったフレーム（協同組合）をつくって、市場という場で競争的に対抗しつつ達成する」という方向だったが、ここでは「（市場でも公共だけでも達成できない）組織目的を達成するために、市場原理をうまく使いこなすことによって、市場原理を超えるものを生み出そう」という方向による模索が行われているといえる。

ここでの委託された配達労働は、その担い手に「生協労働」という認識はないにしても、「顧客」に喜ばれるやりがいのある労働になっている。CMEをそれぞれ純化（高度化）してパーツとし、それを統合する、という新しいタイプと見ることができる。

消費者ニーズを、生産者や物流事業者などさまざまなモジュールを組み合わせてシステムとして組み上げていく点で、オープン・ネットワーク時代の新しい「生活者」像を中核とした事例と見ることができる。

従来、「市民生協」型生協運動のなかには、班を基礎とした共同購入こそ生協運動の本質であるとの見方が強くあった。この見方からすれば、個配事業は班の結集を掘り崩すものと見ることになる。むしろ、班を基礎とした共同購入をシステムとして確立した生協にあっては、その「成功体験」を原体験とした「原則論」と成熟したシステムがあったために、「個配事業」への転換が全体としては遅れたと見ることも可能である。個配事業は、将来の発展方向が必ずしも鮮明に見えているわけではないが、現時点では、共同購入の初期に類似した状況を現象しているともいえる。[16] 協同組合理論のフレームや「原則」論が、さまざまな経験のなかで「教訓化」「理論化」されていくうちに、実態や環境と遊離したものになっていないか、点検が必要であろう。生協が社会から切実に求められているニーズとは何か、それをいま実現するのにいちばん効果的な方法が、これまで蓄積し創りあげてきた生協の事業（組織）というフレームでよいのか、と問い直してみる必要がある。この事業を取り入れる動きは全国的に広まりつつある。

(4) 環境としての公共的領域の市場化

生協がオープン・ネットワーク型のモデルに転換しつつある事例を見たが、これが生協を持続的に発展させる道なのか、それとも生協を内部から崩壊させる道なのか、にわかに断定することはできない。しかし、少なくともこうした動きを促進する事業環境の変化がある。

たとえば、宅配便を業態にまで高めたヤマト運輸の「宅急便」がある。これが実現しようとしているニーズは、たとえば、距離の離れた人々どうしのコミュニケーションをモノを媒介として行うというニーズである。一つひとつは個人的・私的なニーズだが、これは生活世界における他者との相互行為であり、広い意味で社会的な活動といってよい。こうしたニーズ実現の担い手は、従来、郵便事業や国鉄の小口貨物など公的セクターが担っていた公共性の強い事業分野であった。

企業の警備から「社会システム産業」へと発展させようとしているセコムの事例も興味深い。セコムが実現しようとしているニーズは、警備（防犯）とか監視（高齢者で言えば「安否確認」）という行為を媒介にしながらそれを超えた「リスク回避」「安心」というニーズである。このニーズは、警察・医療（保健・福祉）・消防など公共性の高い分野であり、かつ公共財ではカバーできない（できていない）事業分野である。いうまでもなく警察は犯罪が起きてからしか本格的には動けないし、救急車をあらかじめ予約しておくことはできない。どの分野も「予防がだいじだ」と認識されており、そのための努力があっても、公共財ではすべてに迅速に対応することはできない。ここにニーズがあり、それに対応する事業システムをつくりあげたのである。公共的な事業分野は、生活者にとって必要とされているが、サービス水準には改善の余地があることが多い。企業側から見れば、競争相手は「公共セクター」だけということにもなる。(17)

いずれにしろ、サービス供給者の目的が、営利か非営利かは大きな問題ではない。コミュニティや社会的なニーズへの有効性（貢献度）が評価の対象となる時代になりつつある。ヤマト運輸もセコムも、生協と隣接した事業領域で成果をあげているのである。

公共的な分野における非営利組織の事業領域は、一面では、市場の開拓、事業化への呼び水という重要な、そして先進的な役割を果たしている。しかし、これがいったん市場化されれば、この分野から非営利組織が駆逐される可能性がある。こうして、生協は「営利を目的としない事業体」として、「絶えざる変革」を迫られることになる。

Ⅳ　新しい生協モデルへの転換

1　生協という組織の再定義

生協組織の再定義と組織間関係の再設計が必要である。生協という組織を再定義するためには、「生活者」像をどのように構想するか、という課題の検討抜きにはできないことを述べてきた。ここではこれを前提としながら、検討すべきいくつかのポイントについて触れておきたい。

消費者がすべての情報を持ち、どんな商品についても、これが欲しいと特定して要求するいわば「強い消費者」を仮定することはできない。しかし、消費生活の場面で保護・教育されるだけの「弱い消費者」として仮定することも事実に反する。生活者が生活のなかで「ほんとうに必要な商品とは何か」を発見しながら、共有化していくところに生協の課題がある、とはいえそうである[18]。

情報が商品とともに流通するようになると、〝情報・知識の媒体（メディア）としての商品（「食べ物」）〟へとニーズの重点が移行する傾向にある（移行しても前者がなくなるわけでない）。一般に「ブランド価値」として理解される価値の構造である[19]。生協では、たとえば、「組合員の○○さんの意見によって開発された商品です」など、商品の特性には直接かかわりない情報が加わることで、「生協らしくつくられた」ことをイメージして安心できるということがある。生協にとっては、こうしたことが「ブランド価値」として信頼を高める要素となってきた面がある。これをどう見るかは重要な論点である。

生活は反復的であり、継続的である。購買は、消費を直接の目的にしているわけであるから、購買行動の目的性が問われることになる。したがって、その場かぎりの購買行動における満足だけではなく、システムとしての安定性も求められる。また、それぞれの項目は独立的でもあるが、相互依存的関係にある。

それぞれの場面でニーズがあり、これに対して「合わせる」「創造する」という対応が考えられる。

それぞれ深める課題があるということになる。このように、ニーズをいわば「縦割り」して深く掘り下げていくだけでも、たいへんな課題だが、それだけでも問題は解決しない。生産から消費までの過程は高度化し複雑にからみあっている。この過程を少しでも透明感のあるものにすることが、ニーズの実現のためには必要である。そのためには、「横」への広がりを考えることが求められる。「適正価格」を本気で追求しようとすれば、市場機能から生産システムへと関心を広げざるをえない。生産者との提携、あるいはより直接的に生産の事業化を行うという方向もありうる。ここに組織間関係と組織内関係をどのように設計するかという課題がある。

オープン・ネットワーク時代のビジネス・モデルに最も重要な価値軸の一つは、「信頼」「コミュニケーション」であるといわれる。従来、生協にあっては「素人」であることがこれを担保していた時期があった。「素人」のやることは稚拙だが、嘘はつかないということである。しかし高度化された事業では、いつまでもこれに頼ることはできない。演出された素人性はいつか見抜かれるものである。

「組合員ニーズとは何か」の掘り下げ、そして、「生協はどこに、どのようにして対応するのか」ということの明確化は、生協としてのミッション（使命）を明確化するということでもある。

ニーズの実現と合わせて、都市問題の課題でもある「共同性の回復」もこれまで大きなテーマとなってきた。協同組合主義的に言えば、協同社会の実現ということになる。[20] 失われた共同性の回復そのものをニーズとして取り上げて、地域社会をベースに新たに再構築するという方向も考えられるのであり、コミュニティ・ビジネスとして成立する可能性がある。これは市民起業などといわれるように、NPO

などの活躍が期待されている分野である。もう一つは、金子郁容氏の言う「コミュニティ・ソリューション」[21]などのように地理的な空間概念からは自由な事業展開という方向である。

2 二つの軸のマトリクス

事業システムとしての生活協同組合を考えるということは、事業と組織の軸を交差させたマトリクスのなかで、たとえば共同購入や店舗、カタログ供給、共済などが、どのようなニーズをどのように実現する事業なのか、どのような組織でそれを行うのかについて、あらためて明確にするということでもある。

生協組織の内部構造は、運営組織としても階層化が進み、理事会、専従活動家と労働者、管理労働の分離、労働組合の自立など複雑化していく。組織内部が複雑化していくなかで、生協という大きいフレームのなかでの組織間関係をどのように調整していくか、ということはきわめて重要な戦略課題である。めいきん生協では、生産者（地）と消費者（地）の提携を「産消提携」と呼び、まちとむらの提携として位置づけた。この分野でも、「生協は何をどこまで行う組織なのか」を明らかにしないまま、他者との関係を結ぶことは組織の凝集性を弱めることになる。一般的な企業においては「アウトソーシング」などが流行のように行われているが、最近は、「代行・外注・人材派遣・事業所向けサービス業といったコスト消費型のアウトソーシングから、むしろ提供されるサービスの質と専門性に、よりウエートをおいた活用が見られる」[22]といわれる。

「地域」という視点でも、組織間関係を設計するということは、山倉健嗣氏が言うように、「地域社会を、企業を含む複数の組織間ネットワーク（interorganizational network）として」[23]設計するということでもある。生活圏域に日常的できめの細かい人的なネットワークと配達網を張りめぐらせることになった共同購入のシステムは、個配事業システムへの移行の際の経営資源と見るだけでは適切ではない。地域の資源と見ればこれをモジュールとして、別の資源との組み合わせによって新たな価値を生み出す可能性もある。そのためには、モジュールとしてのインターフェース（接合面）を使いやすく統一して、地域のなかにオープンにするということも考えられる。生協が何をコアとして、地域社会に資源を提供し、だれとどのような関係を結ぶことによって、生協だけではできない新たな価値を創造することができるのか、という課題への意識的な接近が必要である。

このためには従来とは異なった接近方法、新しい知恵、情報などとの結合が必要である。めいきん生協などが母体となってつくられた「地域と協同の研究センター」という研究組織は、それ自体、外部の研究者や他の協同組織との協働の「場」[24]づくりとして重要である。オープン化のためのインターフェイスともいえる。

3　くらしのセーフティ・ネット事業モデル

以上の検討を前提として、新しい生協モデルのひとつのあり方を一言で表せば、「個々の利用者のかかえる〃問題〃をいろいろな資源を組み合わせて、〃よってたかって〃解決するシステム」といえるだ

図2・4　生協本体の主要な機能

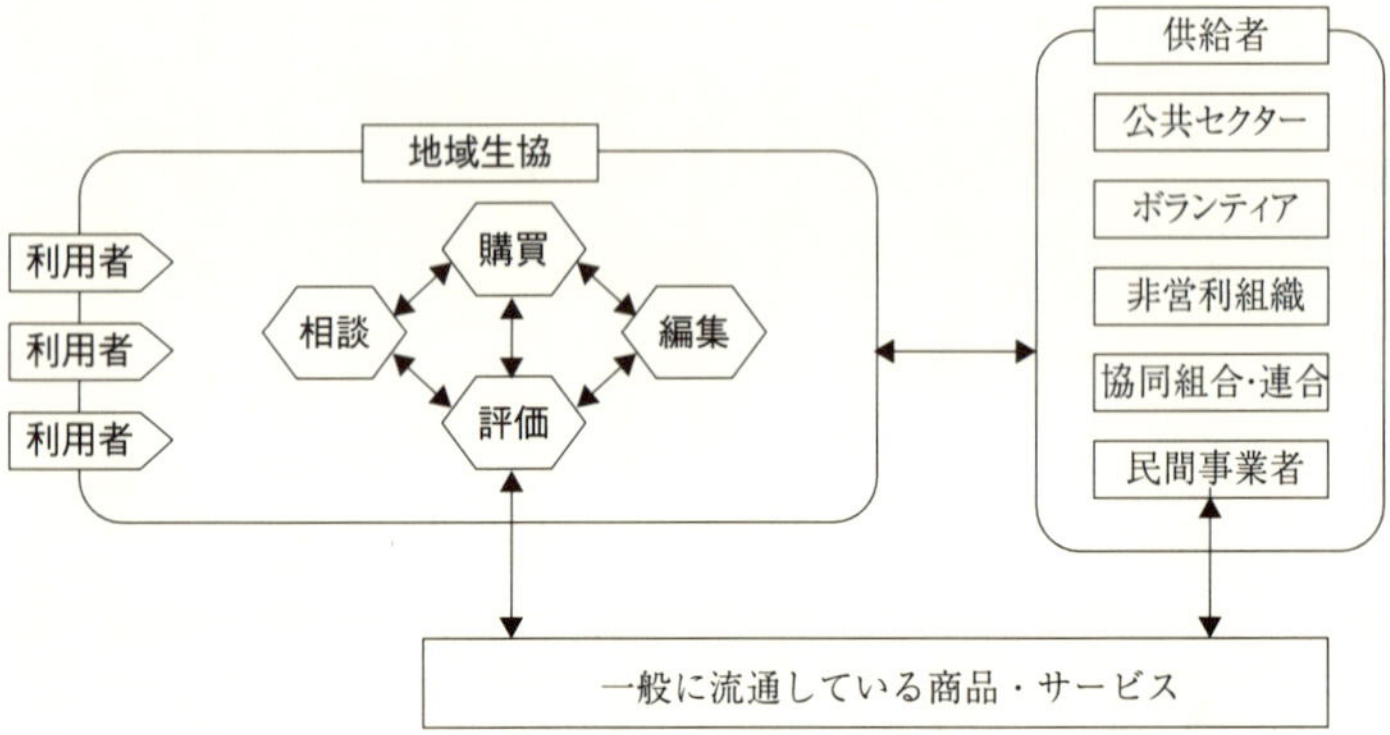

ろう。生協はこのシステムづくりとネットワークの核としての位置に特化するという方向が考えられる。このモデルでは、「信頼」「安心」が最も重要なベースになる（これを最大の資源にするようにすべてのシステムが組み立てられる）。

そのためのもうひとつの軸は、「情報共有によるコミュニティ」である。この場合、「地域」と密着する内容と、「地域を越えたコミュニティ」という両方の方向およびその組み合わせがありうる。これを必要に応じて多様に組み合わせることが可能だろう。生協の規模や組合員組織の状況などによって重点の置き方などさまざまなバリエーションがあるので、一律の姿で生協像を描くことはできないが、情報共有をベースにくらしのセーフティ・ネット（安全網）としての機能を果たすところは共通している。

新しい生協モデルの「生協本体」の主要な機能を簡単に説明しておこう（図2・4参照）。

購買——利用者に代わって、必要な商品・サービスを（従来の枠を越えて、とことん）探し出して買ってきて届ける。届け方も含めてさまざまな供給者のサービス・商品を組み合わせる。これまで述べてきた購買代理の機能である。

相談――購買代理のインターフェイスである。利用者の相談にのるだけでなく、ニーズの発見プロセスでもある。学びあいのプロセスともなる。

評価――商品・サービスの品質・有効性（コストに見合う効果があるかどうか）を評価して、オープンにする。利用者視点で専門性をもって評価する。これが信頼のベースになる。生協自身の商品・サービスについても同じ基準で行う。第三者機関のように振る舞うことが求められる。生協の外に第三者機関を設けてこの機能を持たせるという方向もありうる。利用者本位の「商品基準」づくりを行って、これが「権威」となる。たとえば何か買うときに、「生協基準を満たしているかどうか」が一般的に問題になるというふうに、デファクト・スタンダード（事実上の標準）を決める水準になることが求められる。これは商品学習を促進・支援することにもなる。

編集――個別の商品やサービスを買ってくるだけではだめで、いろいろなサービスを組み合わせたり、「加工」したりして、使いやすいものにする。オープン・アーキテクチャのモデルではパッケージャーといっていた機能である。ここに利用者本位のトータル・サービスという内容が込められる。

このように特化すると、生協が抱え込んでいた事業でも、外に出すことが可能になるものもある。また、さまざまな供給資源、とくに非営利の供給者を生協の周辺につくっていくことが求められる。供給者づくりが生協の課題にも、運動にもなる。

4　むすび

生協が、新しい時代にふさわしい「先駆者」としての位置を二一世紀に再び確保できるのか。それとも時代遅れのシステムとして、朽ちていくことになるのか。それは、生協組織の再定義をどのように行うのか、それに対応して、組織間関係をどのように設計して統合するのか、これを進めるうえで、トップマネジメントはどのような役割を果たすのか、という課題に対して、どのような回答を行うかによって決まる。それを迫る事業環境の変化がある。また、協同組合とは、たえずそのことを問い続けなければならない位置にある。(25)

(1)　めいきん生協の「設立趣意書」はそれを端的に示している。設立の原点であり、戦略的な認識と事業領域を宣言した基礎的文書とも言える「趣意書」を引用しておこう。

設立趣意書

最近の物価の値上がりはいちじるしく、私たち勤労市民の生活は苦しくなるばかりです。私たちの住む名古屋は、ここ数年の間に急速に成長し、二〇〇万都市といわれる迄になりました。しかし、物価値上げ、交通事故、住宅難など全国のトップクラスに入り、ますます暮らしにくい街になってきています。〝名古屋を暮らしよい街に〟と私たちは声を大にしてさけばなければなりません。

昨年来の値上げをみても、消費者米価を始め、健康保険料、市バス、地下鉄料金、その他、牛乳、味噌、醤油、生鮮食品など、毎日の生活に欠かせないものばかりです。

こんな状態を黙ってみているわけにはいきません。

昨年牛乳値上げの際には、名古屋の各地でみんながまとまり、〝安く良い牛乳を飲もう〟と共同購入を積み重ねてきました。

このなかで、私たちは、自分たちの生活は自分たちで守っていく以外にない、一時的な共同購入だけでなく、恒常的なみんなの組織、生活協同組合を設立しなければならないと考えました。

生活協同組合は、みんなが出資して作る自主的な購買組織です。組合員の平等な発言によって民主的に運営されます。

〝まとまれば安くなる〟これは今の社会では当然のことと考えられます。全国には七五〇万の生活協同組合の組合員がいます。その力で全国的な統一仕入機関をもち、安く良い品を選定しています。全国の組合員の商品テストにより、独自の商品、CO-OP商品も開発しています。マスコミの誇大広告にまどわされることなく、自分たちの安心して使える商品を選び、有害、有毒な商品を排除しています。

生活協同組合には、また、お料理、手芸などの文化活動、互助活動などを行っているところもあります。

隣近所がまとまり、話し合い、みんなの力をだしあって、私たち消費者の生活を守っています。よりよいものをより安く、よりよい生活をきずくために、私たちの街、名古屋にも立派な生活協同組合をつくろうではありませんか。

この趣旨に多くの方が賛成され名古屋勤労市民生活協同組合に御加入下さいますようお願いいたします。

一九六八年五月七日　　名古屋勤労市民生活協同組合設立発起人会　代表者　水田　洋

（2）http://www.nagoya-coop.or.jp/
（3）兼子厚之「生活協同組合――くらしの協同システムとしての生協」（富沢賢治・川口清史編『非営利・協同セクターの理論と現実』日本経済評論社、一九九七年七月、所収）。
（4）名古屋市経済局消費流通課編、小木紀之・岡部昭二監修『名古屋市消費者行政三十年史』一九九二年三月。
（5）めいきん生協の「設立趣意書」は前掲注（1）。
（6）生活協同組合市民生協コープさっぽろ編・発行『コープさっぽろ三〇年の歩み』一九九五年一〇月、埼玉県生協連歴史編集委員会編／埼玉県生活協同組合連合会発行『埼玉の生協運動史』一九九七年五月、などを参照した。
（7）大学生協の直接間接の支援のもとにつくられた生協の多くは「〇〇市民生活協同組合」の名称を採用している。本章において「市民生協タイプ」と私が呼ぶのはこのタイプの生協である。
（8）日本生活協同組合連合会通信教育グループ発行『日本生協連通信教育／中級コース　第一単元・生協運動の歴史と課題』一八―一九頁。
（9）「共同購入」という制度化されたシステムと区別するために、購買活動の共同化をここでは「購買協同」と呼ぶことにする。
（10）地域と協同の研究センター主催の公開フォーラム「生協の危機――いま何が問われているのか」（一九九七年一〇月二九日）における田中紀子氏の発言。この記録は、地域と協同の研究センター編『生協の危機とは――いま何が問われているのか』一九九八年三月、にまとめられている。
（11）日本生協連「全国共同購入研究会」（一九九四年一一月）における基調報告、片桐純平「『第二次全国

共同購入専門委員会』の答申案と課題」（日本生活協同組合連合会『生協運営資料』一六一号、一九九五年一月）。

(12) 日本生協連が内部プロジェクトで作成した「今後の共同購入政策提案資料（第二次案）」（一九八八年一月二七日付）によれば、共同購入という事業システムは一九八六年頃からすでに成熟期に入っていると見ている（前掲『生協運営資料』一二三号、一九八八年九月）。その後、一九九三年には日本生協連に「第二次共同購入専門委員会」が設置され、一九九四年に理事会に答申されている。

(13) 『名古屋勤労市民生活協同組合　方針・長期計画等討議資料集』その三。

(14) 「共同購入における商品の単品集中というのは、だからこそ、素晴らしい商品活動という面と、暮しにとっては一部でしかないという限界を、抱えているということです。単に、商品の幅が狭いというだけではなくて、幅を狭くすることによって、結果的には、参加する層を限定しているということも事実です。」（田辺準也「『組合員自身の活動』の意義と展望」日本生活協同組合連合会『「現代生協論」の課題と展望』一九九〇年、所収、七七頁）。

(15) 山田英夫『デファクト・スタンダードの経営戦略』中公新書、一九九九年、一〇三頁。

(16) 田辺準也氏（この発言当時、めいきん生協副理事長）は、一九九〇年頃に、共同購入の創立期を振り返って、次のように述べている。

「創立のころを思い出しますと、試行錯誤があたりまえでした。たとえば、『班』というものを考えたときに、私どもの場合も、最初に班があったわけではなくて、事業のかたちから言えば、最初、戸配があったのです。それは牛乳だったんですが、牛乳の戸配のなかで、もっと安くとか、値上げに対抗するといったような組合員の要求の実現過程で、だんだんまとまりをつくり、結論的に『班』がつくられたという経過があるわけです。……私どもが最初に生協をつくったときは、商品がありませんでしたから、スーパーカブを供給しようかと思ったこともありますし、ノンアルコールのビールを大量に扱おうとした時期もあります。……つまり、組合員が要望すれば何でもやるという感じだった」(『組合員自身の活動』の意義と展望」前掲『「現代生協論」の課題と展望』所収、七一―七四頁)。

(17) ただし、これは成功したから言える結果論にすぎない。ヤマト運輸もセコムも、事業を開始しようとしたときは、多くの人がその成立に疑問を抱き、ましてそれが大きな市場になるとはほとんど考えられていなかった。だからこそ、競争相手がいなかったともいえる。

(18) 「消費者が常に正しいとは限らない。……消費者協同組合は何を売らないかということによっても評価されよう」(日本協同組合学会訳・編『西暦二〇〇〇年における協同組合(レイドロー報告)』日本経済評論社、一九八九年一一月、一七〇頁)。

(19) 石井淳蔵『ブランド――価値の創造』岩波新書、一九九九年。

(20) 前掲『レイドロー報告』では、協同組合の(将来)果たしうる役割について、「世界の飢えを満たす協同組合」「生産的労働のための協同組合」「保全者社会のための協同組合」に次ぐ第四の優先分野として、「協同組合地域社会の建設」を掲げている。「協同組合の偉大な目的は、地域社会や村落をたくさん大都会のなかに建設することでなければならぬ」(一七四頁)と。

(21) 金子郁容『コミュニティ・ソリューション』(叢書インターネット社会)岩波書店、一九九九年、参照。

(22) ダイヤモンド・ハーバードビジネス編集部編『アウトソーシングの実践と組織進化』ダイヤモンド社、一九九七年。

（23）山倉健嗣『組織間関係』有斐閣、一九九三年。
（24）伊丹敬之『場のマネジメント――経営の新パラダイム』NTT出版、一九九九年。
（25）注のなかで示したホームページアドレスは論文執筆時点のものであることをお断りしておく。また、総代会議案および資料など内部資料はいちいち示していない。
なお、本章は注記した文献のほか以下も参考にさせていただいた。

『生活協同組合研究』二七八号、一九九九年三月。

國領二郎『オープン・アーキテクチャ戦略』ダイヤモンド社、一九九九年。

加護野忠男『〈競争優位〉のシステム――事業戦略の静かな革命』PHP新書、一九九九年。

野中郁次郎・竹中弘高『知識創造企業』東洋経済新報社、一九九六年。

伊丹敬之『新・経営戦略の論理』日本経済新聞社、一九八四年。

小倉昌男『小倉昌男　経営学』日経BP社、一九九九年。

宮本惇夫編著『セコム飯田亮の直球直言――むずかしく考えるな　楽しくやれ』日本実業出版社、一九九九年。

第三章　二一世紀の協同組合に新しい戦略と理論を

樽松佐一

Ⅰ　生協の危機と「再生へのプロセス」

1　「総額人件費削減」「構造改革」で生協運動は再生するか

二〇〇〇年一月の日生協政策討論集会は、生協の危機をいかに「経営的」に打開するかという論議に終始した。「優良」といわれる単協幹部が口をそろえて「総額人件費の切り下げ」を宣言した。春闘では「構造改革」の名のもとに賃下げなど労働条件の引き下げが「逆要求」された。東海コープ事業連合では外部委託によるパート契約時間の一方的削減が行われ、コープこうべと京都生協で希望退職が募集された。

いっそうのリストラで「経営再建」を進めるコープさっぽろでは、労組の役員選挙に経営幹部が介入するという「不当労働行為」が行われた。経営幹部の支援を受けた候補は、「経営再建を最優先にすすめることが全てなのです。経営再建があってはじめて、その中で生協運動の展望やロマンを現実のものとしていけます。コープさっぽろの再建に、機械的に『生協運動の再建』を持ち込むのは危険です(1)」と主張した。

金沢大学の的場信樹氏はヨーロッパの生協の経験から、「経営危機からの脱出に成功したときが組織的危機の始まり」「経営危機や環境変化の帰結である再生のプロセス自体が問われている。そして、そのプロセスは、それぞれの生協がどのような組織をめざすのかに掛かっている(2)」と指摘しているが、現在、日本の生協の「構造改革」にはその内容とともに「再生へのプロセス」が問われているのである。

2　生協の危機と民主主義

私は、一九九九年の生協労連第三一回全国生協研究会で、生協運動の三つの危機（経営の危機、組織・運動の危機、信頼の危機）を生んだ背景に、組織の「官僚化」を指摘した(3)。日生協の九〇年代構想では「事業活動を通じて組合員のニーズにこたえる」ことが生協の主たる任務とされ、効率化と民主主義を対抗的にとらえる考え方が一般的となり、生協の「企業化」が進行するなかで民主主義は後退し組織の官僚化が進行した。

コープさっぽろ労働組合の臼意前委員長は、「さっぽろは生協ではなかったんだ」「協同組合の基本的価値＝正直・誠実……、この重要性を実感している」。「最初、私たちは経営的に再建すれば良いのだと考えていた。しかしそれでは生協は再建できないことがわかった。生協運動として再建することなしに経営の再建はない」と語ったが、今回の不当労働行為事件に見られるように、巨大組織のなかに民主主義を根づかせ生協運動を再生するためには、時間と粘り強いたたかいが必要となる（臼意氏は役員選挙直後非労組員とされ、一二月にはみやぎ生協への出向命令が出された）。

九〇年代の生協危機は生協の内部要因だけにとどまらず、時代の大きな「変容」をともなっている。民主主義が新しい時代へとステップアップしており、新しい時代の民主主義に対応できる生協運動が求められている。それはトップが民主的か独裁的かだけでなく、組織全体が民主主義を育てる組織になっていることが重要なのである。民主的かどうかの「レベル」を比較するのではなく、「より民主的にしよう」という姿勢が「民主主義」だといえる。

事業を運営するにも組織原則が必要であり、「本質は組合員のくらしをまもる生協論の喪失」という指摘は重要である。いま必要なのは、当面生き残るための「事業構造改革」ではなく、生協運動としての「組織構造の改革」である。それは危機感を煽って押しつけるものではなく、改革への参画を広げることによってのみ新しい組織を生み出すことが可能となる。

3　労働組合は何をしていたのか

雪印の大阪工場では、関連会社の運転手が回収した牛乳パックを手作業で開封していた。再利用することは知っていたが、「再加熱するから問題はない」と思っていたという。厚生省のHACCP認証基準（HACCP＝ハサップとは、宇宙食の製造基準とされた「総合衛生管理製造過程」）からすれば「考えられない」作業が堂々と行われていた。リストラの問題も指摘されているが、労働組合は「何をしていた

図3・1　話し合いができないと

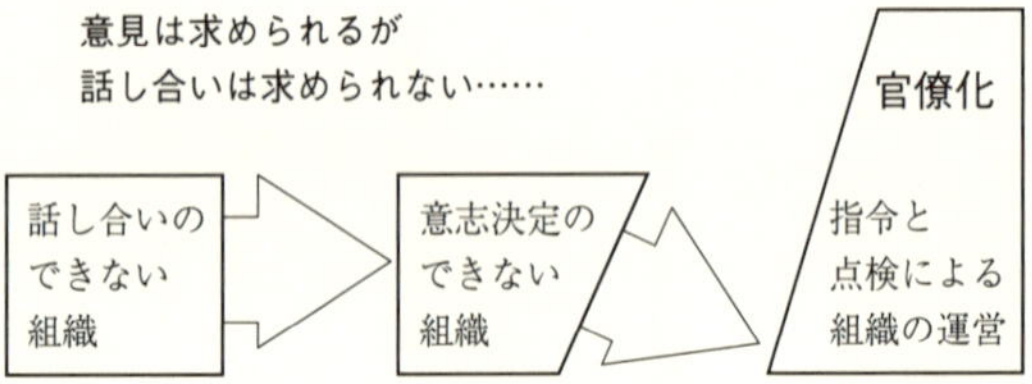

のか」が問われるべきである。「そごう」の問題でも「山一」の解散でも、労働組合のたたかいはまったく見えない。

企業が破綻や深刻な危機に陥る前に労働組合が事態を掌握するためには、職場でものが言える、おかしいと思ったとき指摘できることが必要である。さらには他の部署への建設的批判も、企業の先進性確保には不可欠である。今回の雪印の事故でもそうだが、職場はいろいろな形態・階層の労働者で構成されており、労働者が「自分の仕事」だけに専念していると、社長ですら「そのようなことが」と思う事態が起こるのである。正規職員だけでなく、パート、バイト、嘱託、派遣などすべての労働者が「人間として」の扱いを保障され、ものが言える職場にするために、労働組合の役割は大きい。労働者は仕事をしているときに労働組合を必要としているのである。そのためには、経営から自立した労働組合でなければならない。不当労働行為とまともにたたかわないような労働組合では、経営からの自立も生協運動の再建もできない。

労働組合でも話し合いのできない職場が増えているが、話し合いをしない組織は自らの組織の意志決定をできなくし、組織を官僚化させる。そうしたところでは仕事上ものが言えない職場になる危険が大きい。

いま、生協危機からの再生のプロセスに労働組合の果たすべき役割は大きい。労働組合の自己改革については二〇〇〇年一一月に開催された第三二回全国生協研究会で「提言」として別にまとめを行っているので、この小論では労働運動の視点から現代生協運動の問題点を指摘し、二一世紀の生協運動について問題を提起したい。

Ⅱ　二一世紀の協同組合に新しい戦略と理論を

1　協同組合にも「戦略」と近代的手法が必要である

(1)　協同組合の戦略とは

「生協は企業とは違う」「組合員の要望に応えていればよい」と言っていればすむほど今日、余裕はない。生協の組織も小さくない。にもかかわらず、相変わらず目先の対策や抽象的な議論に終始している単協もある。逆に、生協運動を投げ捨てて、「企業」としての「事業戦略」だけでは生協に寄せられている国民的な期待に応えることはできない。

川口清史氏は協同組合にも戦略が必要だとして、

・具体的な行動に結びつくようなミッション（使命）の展開、具体化

・外部環境の変化に対応した自己革新を遂げていくためのマーケティング

・関係者の自発性を生み出すため、計画レベルでの関係者の論議、意志決定への参加と合意が重要である

と指摘する[4]。

各生協で「二一世紀ビジョン」がつくられているが、その柱となるのが「ミッション」であり、それにもとづいてつくられるのが「戦略」である。大切なことは、それが労働者が実際に行動を起こすときに拠って立てるようなわかりやすいものであることである。たとえば、「正直に」というミッションであれば、売場で、配達時に、商談・苦情対応時に、つねに自分の行動をミッションにもとづいて振り返ることができる。コープこうべの「愛と協同」、宮崎県民生協の「家族の団らん」という目標は多くの職員が知っており、行動の規範に結びついている。

(2) 「協同組合戦略」にあった近代的手法の導入を

生協では店舗管理や労務管理の手法導入には熱心であるが、事業にとって最も重要である組合員のくらしの実態調査に関してはきわめて不十分である。日生協の組合員調査は単協の事業計画作成にはサンプル数も回答数も少なすぎる。多くの単協でPOSを導入しているが、年齢データとの照合は少ない。世代ごとの利用分析はマーケティング・リサーチの基礎である。組合員のくらしをきちんとつかんでこそ、メーカー情報にのみ頼る商談から転換し、組合員の声に応える商品開発・企画を展開できる。生協にもマーケティングの導入が必要であるが、協同組合としてのビジョン・戦略にもとづいて近代的手法を活用することも重要で、戦略についての理解・一致もなしに手法を導入したり、手法の導入が目的となってはダメである[5]。また、手法の導入には「手順」が重要である。カスタマーサービス（顧客接遇）を現場から導入したものの、管理者自らが実践できないようでは職場のひんしゅくを買うことになる。

(3) 組織のデザインと組織文化の革新を

ビジョンにもとづいて新しい組織をデザインするさいに、最も困難なのが組織文化の革新である。組織文化とはみんなが思っている「生協らしさ」であったり、暗黙のうちにみんなが守っている運営のルールであったりする。それは職員組織だけでなく組合員にまで及んでいる。そしてそれは過去の「成功体験」が強いほど改革が困難である。二〇年も前に成功したことのある組織には、依然としてその時の記憶が「文化」として残っている場合がある。この場合、現場でいくら改革をしようとしてもうまくいかない。成功体験からだけでは新しい組織は生まれてこないことを、組織全体の理解にするのがトップの役割である。

2 新しい時代の組織・運動の理論を

生協運動の存在意義と二一世紀の運動と組織のあり方が今日問われている。事業戦略と同時に生協運動にみんなが参加できる組織・運動の理論を新たにつくりだすことが必要になっている。コミュニケーションを単なる情報伝達ではなく、参加の方法論として、相互関係の問題としてとらえることによって、生協運動に新しいエネルギーを吹き込むことができるのではないか。その中心軸に民主主義とコミュニケーションを位置づけようとする試みが、本章の中心的な論点である。(6)

(1) 一人ひとりを尊重した民主主義育成の組織

「俺が生協のルールブックだ」というような経営者は、最近では少なくなった。しかし、いくら公式に「民主的」管理ルールをつくってもそれでうまくいくとはかぎらない。民主的管理を機能させる態度や文化が生協のなかに育つことが必要である。必要なのは民主主義のルールを大切に育てる生協の役職員である。実際の職場では、すぐにルールが守られるようにはならないので、組合員、経営者（理事）、労働組合が互いに自立した立場で牽制力を発揮することが必要である。

また「（出資金）五〇〇〇円の組合員にまで一人一票制を認める生協の民主主義は茶番だ」という意見もある（一九九九年協同組合学会春期研究集会での発言から）。市民生協は十万から数十万人の組織になっており、一人一票制を定めた「協同組合原則」も形式的にならざるをえない。一人ひとりを大切にした民主主義ができるかという疑問も当然である。しかし今日、生協の組織運営においても、事業の面からも、一人ひとりの組合員の声を大切にした運営が求められてきている。全国の生協が「声を聞き応える」活動を行っているが、それは全体や平均ではなく、「個別」であるところに現在の特徴がある。多数決による少数代表選出型民主主義と一人ひとりの声を聞くこととは一見矛盾するように感じられるが、選ばれた代表が一人ひとりの声を聞く姿勢をもつことで代表選出型民主主義が活きるのである。

(2) 変わるリーダーシップのスタイル

生協がつねに生きいきと運動を続けるためには、リーダーシップが不可欠である。共通する願いを実現するために、みんなに情報を伝え、時には運動をリードすることでみんなの参加を促すようなリーダが必要である。その際に、「思い入れ」も重要な要素である。しかし、組合員のなかには生協の役員を長く続けることに価値をおいて、「理事は女の花道」とばかりの態度をとる人も見受けられる。

新しい時代のリーダーシップは特定な人が「組織のリーダーになることを目的」とするのではなく、みんなの願いを実現する際に、そのつど適切な「運動のリーダー」を選出し、援助するようなリーダーシップである。(7)

(3) 「利用と参加」の新しい関係

「班」が事業的に果たした役割は決定的であった。生協らしさを見直す時に、現在の「班」の役割を正確に分析し、その発展(消滅)の方向を見据えなければならない。

古い「班」はまとまるための組織であった。もともと消費者はバラバラだったが、「班」のなかで一つに絞り込むことで、地域別にはほぼ同意見にすることができた。生協全体では一つにまとまることで小さな生協が大きな力を発揮してきたのである。その典型が共同購入の単品結集である。たとえば、めいきん生協がにがり豆腐の開発をしたとき、「絹」か「木綿」かの好みは当時でもはっきり別れていたが、にがり豆腐をつくるという全体の目標の前で「木綿」に絞り込まれた。絹ごししか食べられない組合員がいても、「にがりは本来もめん」という説明で説得できた。これが当時の生協のレベルであり、「同質性」がこの時代の協同のあり方としては十分通用していた。

また「共同購入班」は、「利用と参加を統一」した優れた組織である。しかし現在、利用の中心である団塊の世代がまもなく世帯消費額のピークを越える。ところが「一人当たり利用の減少は組合員が生協離れをしている」という見方からは、利用しない組合員は「不要な組合員」になってしまう。それでも彼女らは「生協が大好き」に変わりはない。「班」は共同購入の「利用班」という役割から、「地域班」

図3・2　生協の民主的運営とコミュニケーション

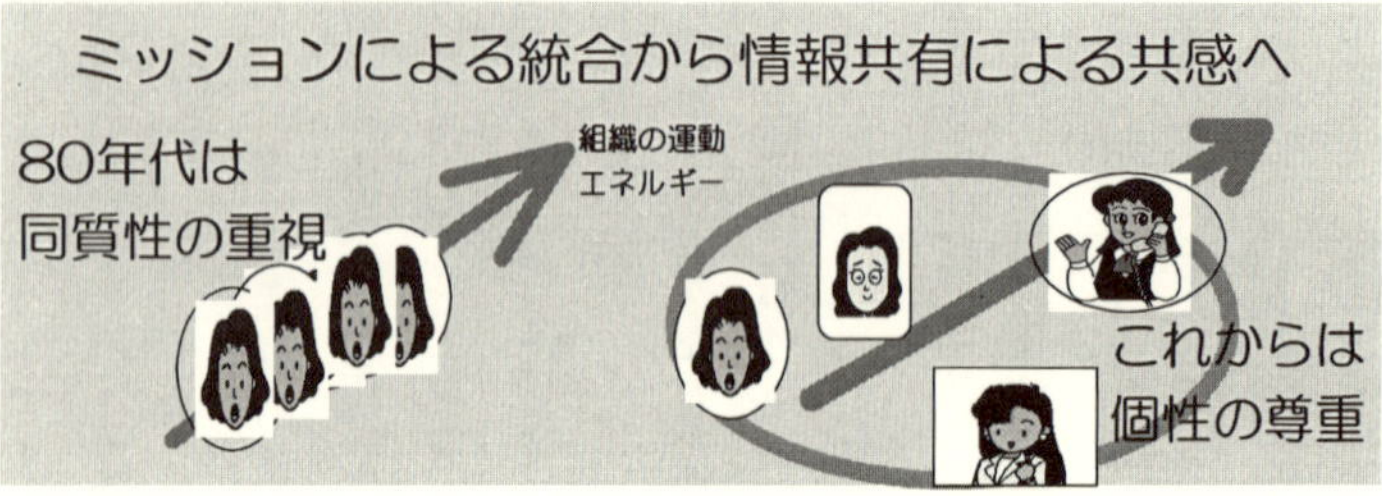

としてくらしに必要な組織となっているのである。共同購入を利用しないからと「班」をやめる必要はない。必要か必要でないかは組合員が決めるものであり、生協には「利用」とは直接結びつかない「参加」の方法を早急に確立することが求められる。

3　指示命令の組織から違いを認め合い共感し参加する組織へ

(1)　同質的な組織から違いを認め合う運動組織へ

かつては、総代や運営委員など生協の役員になったら、添加物のことから平和の運動までなんでも顔を出さなければならなかった。一つひとつの課題に生協全体で取り組むことが大きな力を発揮する時代でもあった。しかし三〇年たってみると、どこに行っても同じ顔ぶれということがしばしばある。金太郎アメの組織になっているのである。特定の人だけが忙しい組織は「異質な価値観」をもつ、若く新しい人たちの参加を阻むことになりかねない。

これからの時代は、組織が課題を決めるのではなく、それぞれの個性を尊重し、違いを認め合ったうえで、個人発の要求を互いに共有し合いながら協同を広げていくことで、より多くの仲間のエネルギーを発揮できるようになっていく。

(2) 話し合えるから元気になる

このような組合員組織を支える職員組織はどうあるべきか。生協の正規・パート職員が、生協組合員一人ひとりに対して「顧客一般」ではなく「一人ひとりの組合員」として接することができるようになるためには、職員もまたそのような扱いを受けなければならない。

職員のなかでこそ情報を豊かに共有し「話し合う」ことのできる職場運営が必要になる。試されるのは組合員と接する店や共同購入の担当者だけではない。後方メンバーも重要であるし、管理者の姿勢もすぐに職場に表れる。

気体の内部エネルギーは分子の運動により温度・圧力になる。組合員一人ひとりのエネルギーはバラバラでも、それぞれのエネルギーが大きくなれば全体の運動エネルギーは増大する。話し合い、違いを知り、認め合ったうえでの協同は、職員組織のパワーを大きく発揮させる。逆に、職員を頭数でしかとらえられなければ、冷めた組織になる。

4 地域社会とくらしの協同

(1) 地域という視点

一九九五年の阪神淡路大震災は、生協が地域社会で果たすべき役割をはっきりと示した。「今回の震災のなかで痛感したことのひとつに……私たちが『生活者』と自らを呼んだり『くらし』などと言う場合に、それは地域社会やコミュニティの場を抜きには考えられないことを改めて考え直したのである。人間はしょせん地域人間なのである。今の都市生活者、組織人間は組織人生に重点をかけすぎて地域人間としての場を少し軽視しすぎている」（コープこうべ・増田大成氏(8)）という思いは、二一世紀の協同組合に欠かせないものである。

これまでの共同購入での「協同」が特定グループ（班）での家族単位の協同であるのに対し、これからの協同はさらに多様なつながりでの協同が広がる。たとえば、「学童保育所」が法制化され全国に広がっているが、地域での新しい協同の条件を広げている一つの事例と言える。すでに各地の生協で始まっている「助け合い」の活動は生協のワクを越えて広がっている。

(2)　地域社会に必要とされる生協に

既存店の苦戦が伝えられるなか、前進をつくりだしている事例もある。共立社の「こぴあ」では大型店の出店ラッシュのなか組合員による「総点検運動」をやりきり、鶴岡という地域になくてはならない店をつくってきた。いわて生協の牛乳を生産する牛乳公社では、「大スーパーが進出すると牛乳は買いたたかれ、県内の酪農はダメになる」と大スーパーより生協が地域で重要なことを強調していた。かながわの「生活カレンダー」の取り組みや宮崎県民生協のパートによる「売り場つくり」も、地域の生活情報を組合員やパート自らが生協の店舗で実現する取り組みとして注目される。

(3)　自立する運動を支援する協同

地域には「くらしの願い」があふれている。この願いを運動化することが生協に必要である。しかし、だからと言ってなんでも生協主導で行う必要はない。逆に「生協（理事会）として取り組んでない」ことを理由に、スーパーでは自由に取らせる署名活動を生協の店頭ではやらせないようなこともある。組合員は多様な要求をもっており、しかも自分たちで運動を広げる力を持っている。生協に求められるのは主導することではなく、組合員の自立する運動を支援することである。ネットワークが広がることで生協全体の運動のエネルギーが高まるのである。生協への期待があるからといって、なんでもかんでも生協のなかに囲い込む必要はない。生協での「協同」「民主主義」の知識と経験を地域のなかに生かすこと、また逆に、地域でつかんだ情報やつながりを生協の運営や事業に反映させることができれば、生協はもっと地域に密着した組織になれる。生協が地域社会に根づいた協同を広げていけるかが、二一世紀の課題となる。

Ⅲ　コミュニケーションの改革と組織の自己改革

1　生協職員の仕事のあり方とマネジメント

やっていることだけを比べれば、生協の仕事と流通労働者の仕事はそんなに大きな違いはない。生協職員にたいして、「聞かれても応えられない職員ばかり」「もっとプロ意識を持って」という組合員の意見もよく聞かれる。しかし、創立期に比べれば規模も拡大し、専門性も増し、組合員の関心・活動内容はずいぶん広がっている。「職員がどうのというがそんな優れた職員を雇用できるだけの賃金を生協が払えるわけがない。それほどの教育をしているのか」と指摘されるような職場の実態がある。しかし、多くの組合員は、もっと「ふつう」のことを要求しているのではないか。そのことのほうが重要に思える。

「ヨーカ堂の労働者と生協労働者の専門性は同じように見えるがチョコッと違う。このチョコッとが重要なのではないか」という指摘があった。この「チョコッと」を明確にしきれていないところに問題があるのではないかと思う。生協の労働者はふつうの労働者である。ふつうの職員がふつうの組合員に普段のくらしをよくしようと協同を広げるのが生協運動だと考える。ふつうにくらしてはいけない状態だからわざわざ生協に入る。ふつう以上に工夫が必要だが、何が「チョコッと」必要なのか。

(1) 組合員のくらしの実態に共感できるか

共同購入の代金の引き落としができず、未収金が急増している。長期化し法的な対応も増えている。引っ越しや夜逃げも珍しくない。未収金の回収に行って不況の深刻さを目の当たりにすることもある。「そういうところは夜九時頃にいかないと会えないんです。何回もいって回収してたら残業代のほうが多くなってしまう。とてもたいへんなくらしを見たら、残業代なんか請求できないですよ」という担当者。機械的な電話掛けではくらしの実態は伝わらない。

「かつては商品を届けただけで感謝されていた。いまは組合員の要求は商品だけでなく環境、福祉……と生協への期待の大きさが実感できる。社会、くらしにたいする不安感が生協への期待になっている」「介護保険の学習会を開いたら四〇人も参加した」など組合員の関心は高い。高齢化で買い物がたいへんになって生協の配達に期待が高まる一方、「生協の食品では多すぎる」という新たな対応を必要とする声も聞かれる。

職場では一人あたり利用高がグラフにされ、利用高の高い班を「上お得意さま」などと呼ぶ実態もある。だからこそ「利用の切れ目が生協の切れ目」とならないように、生協への願いを幅広く見ることのできる仕事のあり方が必要である。

「私はあまり買う必要がなくなったけど、いまでは嫁が毎日生協に行ってるわ」と話す年輩の組合員。彼女らが二五年も前につくったためいきん生協の小さなお店は、総代会で廃止のリストにあがっている。お店は小さくても大きくても、赤ちゃんを育てる若いお母さんたちがワクワク、いそいそと買い物にくる、一生懸命大好きになれる生協が一番パワーがある。こだわる組合員とふつうの組合員が、ともにそれぞれの違う要求と方法で参加できる生協になっているか。こういう生協を目指したい。

「元気をもらう」という言葉も今年のキーワードである。一人ひとりが大切にされる、役に立っていると実感する、自分の役割を実感したときに「元気をもらった」と感じる。公務員の労働組合が、不況で苦しむ名古屋市南区の工場街の社長を訪問して、「俺たちがこんなに期待されている」と感じた。四二〇万部の大ベストセラーとなった『五体不満足』（乙武洋匡著）について版元・講談社は「元気をもらったという感想が一番多い」と言っている。組合員から元気をもらうつもりで配達にいければ肩の荷も楽になる。

信頼は決して抽象的な問題ではなく、具体的な経験を通じて蓄積される。生協の商品と担当者の信頼は相互に補完的である。良い商品、商品への信頼が担当者への信頼になり、担当者への信頼が新しい商品への信頼になってきた。コープさっぽろの新道店や西岡店では、あいさつを「いらっしゃいませ」から組合員の目を見て「おはようございます、こんにちは」という言葉に変えようとした。この姿勢そのものが信頼を得ようとする努力の表れである。

市民生協にいがた労組は、「組合員状態調査」を通じて「調査した側が変わることができた」という。職場で「○○班の△△さん」という固有名詞で共通の話題にする。担当者が地域を具体的に見ることができるようになり、組合員のくらしの願いの背景を共有することができたのである。

担当者が職場で言いたいことがいえる雰囲気も重要である。聞いてもらいたいことをその場で言えるか。そのことを大切にしているか。職員が聞く姿勢、雰囲気をつくれれば、組合員はなんでも言ってくる。逆にこれができないから「消費者ニーズ」という押しつけが生まれる。

生協組合員と直接の接触が少ない本部職員にとっては、「くらしへの共感」はいっそう困難になる。ノンコミュニケーションの状態では、「自分たちの持っている商品情報（メーカー情報）のほうが正しい」という錯覚に陥る。「組合員の声を聞いて企画ができるか。組合員の声で企画したらまったく売れなかった。声を聞いてなんでも企画していたら生協として責任がもてない。もっと品質的にすぐれている商品があればそちらをおすすめすべきではないか」「組合員の声のなかには生協の基準に満たないものや、品質的に別のもののほうが良いこともある。そこをきちんと提案するのがプロだ」「委員会で決めたというがほんとに組合員の声なのか。一部の声ではないか」という声が、企画や商談をしている職員の実感である。

組合員の声が正確に、しかもタイムリーに届かない状態ではメーカー情報と前年実績だけで企画を組まざるをえない。これだけ環境が急変するなか、前年の実績はあてにならない。「今年のひな祭りは、いまどきのおかあさんは……」といった新しい情報や、「注文後、配達後の感想はどうなったのか」というバックアップ情報が本部メンバーにも必要になっている。

(2) 共感を広げる運営スタイルへマネジメントの転換を

ⓐ 統制のマネジメントから共感のマネジメントへ

いま生協が取り組んでいる「声を聞く」活動は、商品の希望や苦情、声の背景にあるくらしを理解しようとする取り組みである。くらしにどう役に立ったのか、どんな迷惑をかけたのか聞くことで、職員に不足する生活体験を補い、組合員と職員相互に共感が広がるのである。

ところが、この活動は上から「聞いてこい」と言って進むものではない。うまくいっている生協の経験では、幹部が部下の声をじっくり聞くところから始めている。「説教ではなく自分の思っていることをありのままに聞いてくれた」「素直に思っていることを話してくれた」と実感できると、聞いたほうも聞かれたほうも「元気をもらい」、「自分も聞いてみよう」という気なる。この順番を間違うと担当者が「受け止めきれない」ことになる。

これまでは生協のマネジメントのレベルが低いのが問題と言われてきたが、いまではマネジメントの意味も大きく変わっている。民主主義の発展と市民社会の変容、現代社会そのものが「統制から共感へ」

と変わっているのである。ここで自己革新できない組織は現代に求められる民主主義に耐えられない。

ⓑ　よい経験はヨコには広がらない

もう一つの問題点は、「成功事例はヨコに広がらない」ことである。経営再建を進めるコープさっぽろでは九七年に「美味しい店」として、さきに述べた二つの店舗での取り組みが紹介された。九五年に「総代会問題」のあったコープかながわでも竹山店での活動と日限山店の「生活カレンダー」という取り組みがあった(9)。どちらも優れた経験として全国に紹介されたが、次の年に聞いてみると、単協のなかではまったく広がっていないという。

これまでのマネジメントはタテのコミュニケーションを基本としたものであり、この場合、上に対しては成功事例は報告されるが、失敗の多くは報告されない。したがって、上司からは他の成功事例ばかりが報告されることになり、心情的にも受け入れがたいのは当然である。実際にコープかながわの成功事例は「スタンドプレー」と受け止められていた(10)。

名勤生協労組の職場のコミュニケーション実態調査では、職場のなかでは仕事の問題で話し合いや議論はほとんどできていない。仕事以外ではコミュニケーションがあるが、仕事になると会議は議論の場でなく報告と確認の場になっている。成功体験を広げるためにはヨコのコミュニケーションづくりが新たに必要になる。ネットワーク組織はこのヨコのコミュニケーションがずっと広がったものである。

ⓒ　失敗事例から学ぶ

宮崎県民生協では、「自分の失敗を他人のことのように客観的に分析・報告する。他人の失敗も成功も自分のこととして受け止める」ということが日常活動に取り入れられていた。日常の仕事にはさまざまな場面があり、数少ない成功事例からの共通の教訓はそれほど多くはない。失敗はゴロゴロしているし、組合員にたいしての失敗を防ぐことは生協への信頼にとってとても重要である。きちんと原因を分析した失敗事例は「自分も気をつけなければ」と心に浸み込み、たいへん役に立つ。宮崎県民生協の取り組みは近代的な管理手法といえる（失敗事例の活用は、労働安全衛生活動では「ヒヤリハット」と呼ばれ手法として確立している。最近では医療事故の問題でこの手法が活用されている）。

「評価や競争でこのようなこと（失敗を正直に報告すること）ができるか」と宮崎県民生協の亀田専務は言う。

競争社会に育った青年は、つねに「他人より自分のほうが優れているところ」を見つけなければ安心できない。よい経験を聞いてもなかなか素直に受け入れられるものではないのが人情である。まして自分の失敗を他人のことのように客観的に論評したり、報告することはマイナスにしか思えない。失敗事例をきちんと報告し、みんなの教訓にできるようにするためには、そのことが生協全体の利益につながることを明らかにして、失敗をきちんと報告したことを評価するようなトップマネジメントが重要である。

「緊急」対策といって職員の十分な理解なしに、また労使関係の民主主義をないがしろにするような「経営対策」で競争を煽れば、労働者は組合員をますますセールスの対象としか見れなくなる。

失敗事例の報告は経営にも貢献する

めいきん生協は二〇年前に事故で小さな命を奪ってしまった（一九七八年の九・五事故）。「こんな事故は防げない」「次には自分が事故を起こすかもしれないと思うと配達にいくのが怖い」と担当者たちは思ったという。

そのときに導入したのが「防衛運転」という手法だった。「過失の大きさと事故の大きさは一致しない」「どんな小さな事故も重大な過失を犯しているかもしれない」から、コツンとぶつけたような小さな事故でも報告した。その日の夕方には職場の運転者総会で、できるだけ客観的に事故の原因を報告し、仲間は本人になったつもりで事故の原因を論じた。よい指導者にも恵まれたが、どんな小さな失敗も正直に報告するという安全運転の取り組みは急速にレベルをあげ、結果的には保険の割引率を大きく引き上げるようになった。

---

(3)　新しい時代のマネジメントは情報共有型のコミュニケーションで

以上のように、情報共有型のコミュニケーションを基本とする組織は図3・3のようになる。従来のタテ型組織では情報は上下に伝わるが、それぞれ一方通行である。「話し合い」は求められない。これまでの官僚組織ではトップが外部の情報を独占し、生協の意志を決定してきた。それだけではうまくいかないので、最近ではミドルアップ、ミドルマネジメントを重視したり、現場のマネジメントでも「リスニング」（声を聞く姿勢を見せてマネジメントを行う）やセールストーク、カスタマーサービス（接

図3･3　新型コミュニケーションの仮説

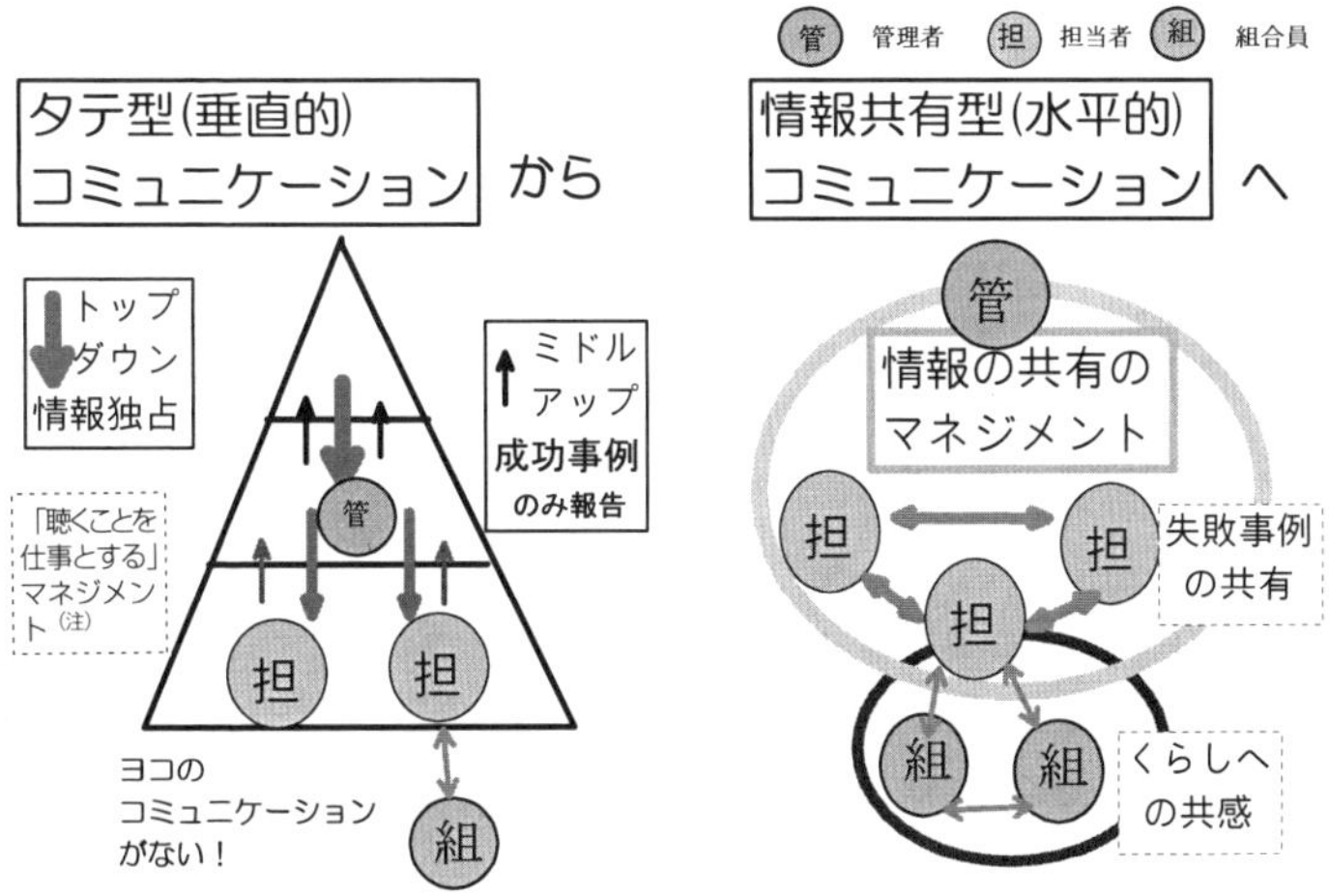

（注）　若林靖永「非営利・協同組織のマーケティング」（角瀬保雄・川口清史編『非営利・協同組織の経営』ミネルヴァ書房，1999年）を参照。

遇）といった手法がとられてきた。聞く活動が上にいくほど「聞くだけ」になる。評価や競争の導入により上方向には「成功事例」のみが報告され、他の職場が「失敗事例」を共有することはできない。タテ型のコミュニケーションを短縮してトップが現場の声を直接聞くことで「改善」しようとしても、それでは組織は変わらない。

情報共有型ではマネジメントの基本が情報の共有になる。とくに失敗事例を共有することで、担当者自身が自分たちの問題として考えるようになる。事実をありのままにとらえ、報告することができるようになる。自分が感じたことを組合員のなかにも伝え、共感が広がる。生協組織全体も情報の共有を重視することで不要な階層組織を減らすことになる。官僚的なミドルは不要になる。

2　生協における企業革新の戦略とコミュニケーションの活用

最後にコミュニケーションを活用した生協の企業革新の戦略をまとめておこう。

(1)　生協の新しい目的――「一人ひとり・家族・地域を大切に」「民主主義」を育てる

生協のような「市民組織」をもった事業体が最も着目すべき環境変化は、市場動向の背後にある「くらしぶり」の変化である。それぞれの生協には十から数十万人の組合員、数百から数千人もの職員が働いており、「個」の時代の民主主義に耐えられる組織になれるかどうかが企業としての生協の生命線となる。そしてこの生協がめざすものは職員・組合員が大切にしたいと思っている「一人ひとりが大切にされる職場」「元気な家族」である。

「個」がややもすると「孤立」になりかねない時代に、「地域」「社会」が「個」の自立をサポート、ケアするような協同が求められている。生協のなかで「個」を主体とした民主主義が次々と育成され地域に広がっていく。生協の役割はここにある。

(2)　人的資源を活用する組織論を

「パートのなかにも意欲のある方はいるが、それは一割くらいで、あとは時間給だけもらえばよいと考えている」という生協経営者は少なくない。サラダ油と同じくパートを一円でも安く仕入れる（雇う）ことが生協組合員のためであると考えている。「協同のこころを広げる」（さいたまコープ）と言って賃下げを押しつける経営者は、労働者を賃金単価と頭数でとらえ、パート労働者を「コストの高い不良債権」と見ている。こういう経営者にとってパートはコストでしかないが、パートにとって賃金は生活であり時給を下げることは生活の質を下げることになる。

しかも生協は人と人との組織である。生協で働く圧倒的多くの労働者はパートタイマーであるが、彼女らは、①地域に生活し、②生活実感豊かな、③労働組合に加入し学習意欲と規律のある労働者である。彼女らもまた一人ひとりがくらしの願いをもち「大切にされたい」と思っている。どこのスーパーにいっても、生協のパートのように、会社の方針を自分たちのお金を使って学び話し合うようなパートはいない。生協組合員を主人公とする生協は、人材を生きた資源として活用することが重要である。

(3) 三〇歳代を組織文化改革の主体に

生協はあれやこれやと幅広い分野に人材を配置してきた。しかし、いま必要なのはドメインである商品事業の開発に単協の最強の体制を集中させることである。環境は九〇年代から二一世紀に向けて大きく変わっているのに、商品開発も企画づくりも従来の手法を受け継いだままである。ここを現代の要請に応え、どういう商品がどういう世代に、どのように要望され、使われているかを把握し、商品開発に結びつけるような「戦略的組織」をつくる必要がある。

市民型生協の多くが六〇年代から七〇年代に設立され、八〇年代に成功したときの現場リーダーが現在の幹部層を構成している。この時の成功体験が組織の「文化」として定着し、未だにその延長線で「経営対策」がつくられている。

二一世紀への生協に向けては、この組織文化の改革が求められる。多くの生協が八〇年代の急速成長時代に大量採用をした。いま、三〇代の後半が組織のコーホート（cohort）になっている。彼らは新し

図 3・4　新型コミュニケーションの仮説

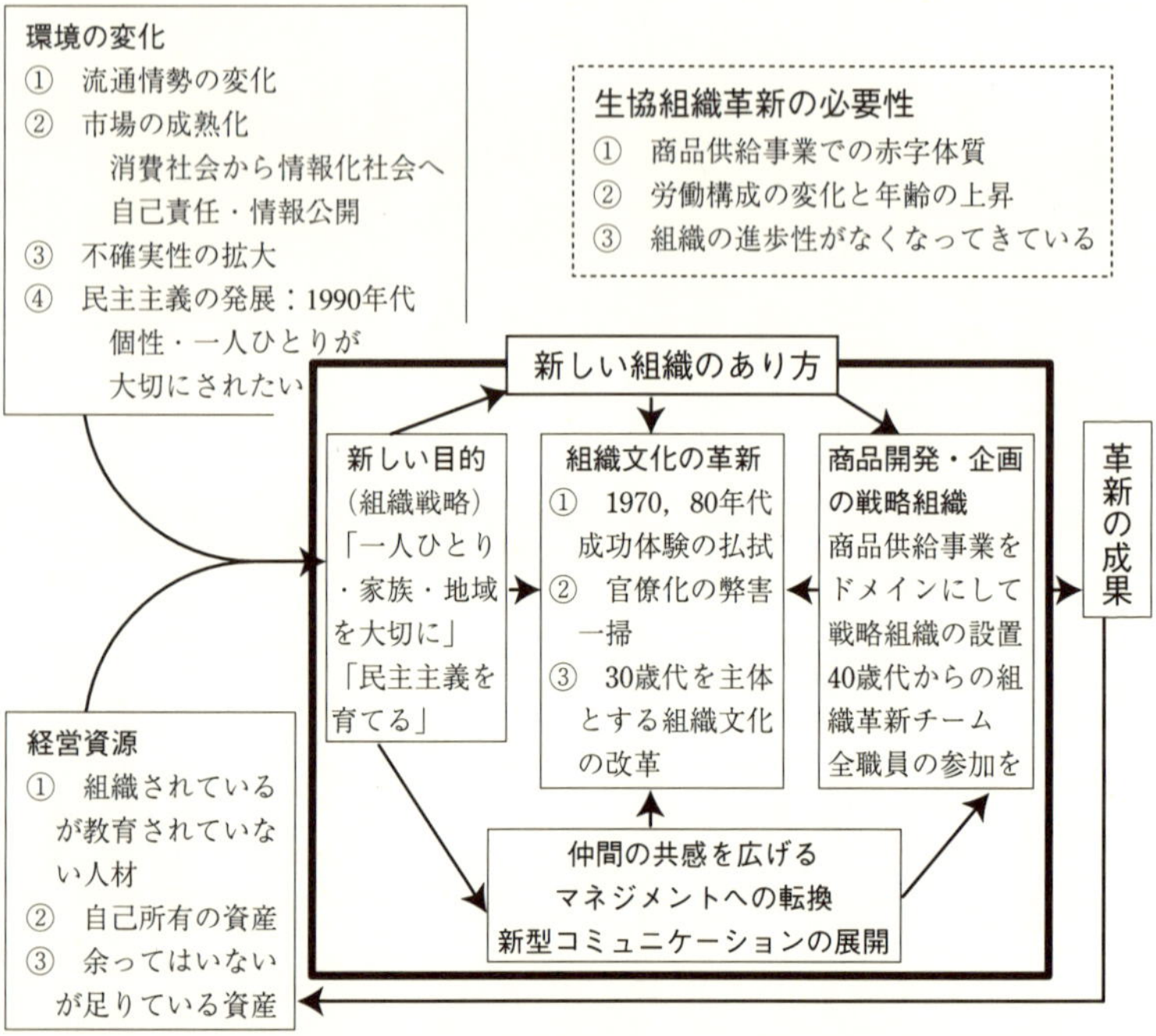

（注）　柳在相『経営戦略の実行と組織』（日本福祉大学大学院情報・経営開発研究科テキスト）の「企業革新の構図」にあてはめて作成した。

い時代の民主主義に育った「団塊のジュニア」であり、新しい生協組合員とも「感性」を通じることができる。この年代層が組織文化革新の主体になることが必要である。彼らこそが新しいコミュニケーションの手法を身につけ、一人ひとりを大切にした民主主義を育てる新しい時代の生協の主体となっていくことができると考える（図3・4）。

3　まとめにかえて

小論は日本福祉大学大学院の修士論文として書いたものの中心部分である。実は、生協労連全国生協研究会として「二一世紀生協労働者への提言」を発表することになり、運営委員長として私がそのまとめ役の任につくことになった。したがって本論文は、さきに第三一回全国生協研究会（一九九九年一一月、新潟で開催）で発表した「『二一世紀生協労働者への提言』への問題提起」の基礎をなすものでもある。

本文中でも述べたが、本論は労働運動の視点から生協運動に問題提起をしたものである。なお、労働組合自身の自己改革については、第三二回全国生協研究会（二〇〇〇年一一月）が、四点にまとめた「提言」を発表している[11]。

労働組合が経営問題について発言することについては、労働運動のなかにも「経営に取り込まれる」危険を指摘する声がある。また、経営者のなかには、労働組合にたいし「経営責任」を求めるものもいる。しかし私は、これまでの全国の生協労組のたたかいから、労働組合が経営者（理事会）とは「異質な論理」で生協運動に意見を提起することは、生協の企業としての発展にとっても必要であると考えている。労組からの批判や提言を「生協運動の足を引っ張る」「介入」と言ったり、「経営責任」を口にするのは責任と権限を混同しているといわざるをえない。労働組合は生協運動を発展させる「責任」の一端は負うが、経営の「権限」は一切もっていないのである。したがって、「経営参加論」については肯定できない。

最後に福島生協労組の生協再建闘争を紹介する。コープふくしまでは店舗閉鎖が提案されたときに、労働組合が組合員に呼びかけ、公民館で「生協を自由に語る茶話会」を開催した。九七年には「生協について考えるシンポジウム」を組合員も含め二〇〇人の参加で成功させ、「俺たち労働者が組合員と一緒に運動をすすめていかないと、本当にダメになってしまう」という思いを強くした。独自に会計士に依頼し経営分析を行い、団交で鑑定書を突きつけて粉飾決算を追求し、総代会では長期間続いたトップの独裁を打ち破った。しかしその結果、多大な累積赤字が発覚した。九九年には、理事会から「希望退職」が提案されたが、労組は「給料をカットしろ。しかし俺たちはだれも辞めない」と逆提案した。資金繰りが厳しいことから賃金が二割もカットされるなかでも労組員全員が毎月の積み立て増資に応じ、毎月九〇〇万円以上の資金を集めている。「もう千円、生協で利用しよう」「生協で利用して問題点を指摘しよう」という「全利用運動」も行っている。労組はつねに生協組合員といっしょに考えたたかってきた。労働者だけではない。やむなく閉鎖になった店舗では組合員がバザーで稼いだお金で閉店セールのチラシをつくり、自分たちで地域に配布した。組合員も頑張っている。

いま福島県では、ジャスコの大型店出店に商店街・商工会の反対運動が巻き起こっている。福島生協労組が大型店の出店反対の運動を始めた当初は、「生協も大型店だ」と言っていた商工会の役員も生協労組のたたかいを知り、いまでは商店街・商工会から依頼され労組が街づくりを考える会の事務局を担っている。「地域になくてはならない生協」にすることが福島生協労組の生協再建闘争なのである。(12)

（1）内藤正一「内藤委員長候補と三一人の統一候補　三三人を支援下さい」コープさっぽろ労組役員選挙チラシ（二〇〇〇年六月一四日付）。

（2）的場信樹「生協はどのような協同組合として再生するか？　組合員と職員が満足する組織の条件」

『協う』第五八号（二〇〇〇年六月）。

（3） 第三一回全国生協研究会「『二一世紀生協労働者への提言』への問題提起」（生協労連全国生協研運営委員会、一九九九年一一月）。

（4） 川口清史「非営利・協同組織の経営戦略」角瀬保雄・川口清史編著『非営利・協同組織の経営』ミネルヴァ書房、一九九九年、二六一三二頁。

（5） 「マーケティングは組織にとって手段・道具である。……非営利・協同組織においてボランティア性と社会的イメージが決定的役割をもつだけに、理念や使命に相応したマーケティングが選択されなくてはならない」（若林靖永「非営利・協同組織のマーケティング」前掲『非営利・協同組織の経営』一五四頁）。

（6） 生協におけるコミュニケーションモデルの比較分析については、拙稿「生協運動に民主主義を育てるコミュニケーションの役割」（日本福祉大学大学院修士論文、二〇〇〇年三月）を参照されたい。その要旨は、以下の通りである。

(1) 論文の主題

七〇年代から八〇年代にかけ日本の「市民型生協」が大きく発展してきた。この発展は団塊の世代による都市労働者の急増による社会資本の不足がその主要因ではあるが、同時期に急成長したスーパー流通資本を上回る成長を遂げた要因としては、日本の生協運動を消費者運動として位置づけたこと、専業主婦として家計の中心的担い手である女性を主人公にした運営参加と共同購入事業という事業形態があげられる。しかし、三〇年たった現代では団塊の世代の「家計消費」はピークを越え、その世代の主な要求は社会の高齢化による社会資本の不足問題に移ってきている。

かわって登場した団塊のジュニア世代は「豊かさ」のなかで生まれ、消費社会・情報化社会のなかで生協への要求も個別化し多様化してきている。生協職員も同様である。住民投票やボランティアの活動ではこれら青年や若い女性の参加が多く見られ、生協においても積極的な参加の意志が見られるが、その一方で従来の協同のスタイル、労働参加は敬遠されている。また昨今発生している生協の不祥事や経営危機、官僚化の発生はこれまでの生協の組織運営の問題点を露呈し、新たな組織と運動の理論が要請されている。私の主張の基本は主体形成論であるが、現代の情報化社会においてコミュニケーションの改善が職員・組合員の主体形成、生協の民主主義育成に重要な意味をもつものと考えている。このことを生協の事例の分析と職場でのコミュニケーション実態調査をもって実証する。

(2) 仮説の中心点

九〇年代は民主主義が大きく発展した時代である。現代社会の変容の最も重要な点はここにある。「個」の確立は民主主義の発展の結果である。「個」を脅かすものにたいしては非常に粘り強い「たたかい」が起こるのもその一つであり、各地での住民投票はその表出である。

「参加」についての意欲は非常に強まっている。同時に、参加する一人ひとりが「個」を大切にしながら「異質」なものを互いに尊重する姿勢も持ち合わせている。これを可能にしているのが「コミュニケーション」である。情報化社会では「個」が持ちうる情報はきわめて多く、情報を共有することで、従来よりはるかに広く「参加」「協同」することを可能にしている。

従来のコミュニケーションがどちらかの主体の意志を伝え、統制する意味が強かったのにたいし、私の主張は、コミュニケーションが情報を共有し、異質性を了解し合い、参加・協同を広げることに有用であるとするものである。しかしその手法はまだ未確立である。

一方「協同すること」の必然性は「生協の側」からは生まれてこない。それは生協組合員の生のくらしの実態から生まれるものである。二〇世紀の最後を迎える国民のくらしの現状を見れば、生活を協同することの必然性は明瞭であると思う。市民生協が主な土俵とする食生活の分野でも「消費社会化・情報化」の問題は続出している。「個」が食生活にたいへんな不安をもっており、情報を求めている。食糧・農業をめぐる事態はあと一〇年たらずで激変する。生協がコミュニケーションを重視し、多様な「参加」を可能にする組織に自己改革することで二一世紀のくらしの協同を担うことができると考える。

(7)「リーダーシップに組織文化を創造する機能があるとすれば、民主的管理と適合した組織文化を形成しうるようなリーダーシップを開発し、発展させていく必要がある。……一般組合員の参加と統制力の行使を動機づけ、援助するリーダーシップがもとめられている。／……リーダーシップの機能が特定の専門経営者化した『エリート』に独占される傾向をさけなければならない。……代わりにリーダーシップを発揮しうるような活動的な組合員層が形成されていかなければならない。そうした活動的な組合員層が不断に形成される基盤、いわば学習課程となるのが参加的で開放的な意志決定とコミュニケーションの過程である」(塚本一郎「意志決定と民主的管理の構造」前掲『非営利・協同組織の経営』六七頁)。

(8) 増田大成「人材開発と労使関係」前掲『非営利・協同組織の経営』七七頁。

(9) 庭野文雄「生協『企業化』十年の決算」CRI・生協労働研究会編『九〇年代の生協改革』日本経済評論社、一九九七年、一〇五頁。

(10) 第三一回全国生協研究会(一九九九年一一月)での元日限山店長の報告。

(11) 生協労連全国生協研究会は、「『二一世紀生協労働者への提言』への問題提起」を一年かけて討議し、二〇〇〇年一一月に行われた第三二回全国生協研究会で、これを「四つの提言」にまとめて発表した。

「提言」は七万人の生協労働者に向けてコンパクトにまとめたもので、
(一)「地域」に必要とされる生協に
(二)生協運動はくらしをまもり民主主義を育てる運動である
(三)構造改革は決定から実行に至るまでのプロセスが重要
(四)「労働組合はその時何をしていたか」が問われる時代
を「四つの提言」としている。
なお、詳しくは生協労連のホームページ
http://www.aik.co.jp/c-pro/clu/seiken/21seiki-02.html
を参照されたい。

(12) 本章は以上に示した文献のほか、以下にあげる文献も参照している。

宮原哲『入門コミュニケーション論』松柏社、一九九二年。

坂上肇『ひとをひきつけるセールストーク』経営実務社、一九九〇年。

CRI協同組合総合研究所『現代の生協改革とその思想』第一号(一九九八年九月)、第二号(一九九八年一二月)。

桑田耕太郎・田尾雅夫『組織論』有斐閣、一九九八年。

鈴木文熹「ひとり暮らしの老人・老人世帯の状態とこれからのこと」『佐渡・両津市岩首地区地域調査報告』佐渡農協労働組合、一九九九年、所収。

柳在相『経営戦略の実行と組織』(日本福祉大学大学院情報・経営開発研究科テキスト)一九九九年。

池上惇『現代経済学と公共政策』青木書店、一九九六年。

第四章　現代生協論の理論的検討

庭野文雄

はじめに

本章では、田中秀樹氏の『消費者の生協からの転換』（日本経済評論社、一九九八年、以下『転換』と略す）を素材として、現代生協論の理論的な検討を行う。「市民型生協の時代は終わりつつある」という刺激的な書き出しから始まる本書は、「商品の物象化と消費者の自己疎外論」を中心とする理論問題から、「生協における主体と事業構造」の問題、生協労働論にいたる幅広い論点を提起するものとなっている。しかし、そこで議論されている理論内容については、にわかに同意しがたいものも少なくない。「生協の転換期においては、展開期の次の時代を見据えた戦略論議が大切であり、論争が必要である」（『転換』あとがき）とする田中氏の認識を共有しつつ、本章では、生協論の理論問題に課題を限定して検討を行うこととしたい(1)。

Ⅰ　田中秀樹氏の議論の出発点

1　議論の出発点とマルクスの経済学批判

筆者は、正当な社会認識は、唯一マルクスの方法によることで成し遂げられると考えている[2]。田中氏の社会認識の方法もマルクスに立脚しているように見えて、実はマルクスから乖離している。そのことは、氏の議論の出発点が、次のように「消費者から出発する」という点に、端的に現れている。

すなわち、田中氏は、「生協組合員の主体としての矛盾の把握と、その展開の論理のなかに、どのように生協が位置づくのかを示すこと」が生協の把握にとって必要との見地から、次のように指摘している。「まず、出発点である、消費生活過程における主体は、経済学的には、『消費者』である。消費者とは、商品交換の末端の担い手として、『買い手』であり、その意味で、商品交換の措定する人格として、平等・自由な近代的人格としての性格をもつ」（『転換』二二頁）。

これにたいしマルクスは、彼自身の経済学批判の方法を確認した『経済学批判要綱』の「序説」において、「生産する個人」、あるいは「一定の生産」が出発点であるとしている。その背景には、社会は生産の関係（労働の関係）として形成される、とするマルクスの社会関係にたいする基本認識が存在すると考えられる（労働論）。今日、マルクスを読んで意味があるのは、マルクス以後一貫して理解されてこなかった、この「生産する個人」から出発すること（労働論）のもつ方法的な意味を正確に理解し、ここからマルクスの議論と現代社会をとらえ直すことであると考える。[3][4]

2 「生産」ないし「労働」の把握

(1) 労働とは対自的な合目的的関係運動

まずここで、マルクスが言っている「生産」(これは「労働」と同義だと本論文は理解している) について、確認しておく。

労働とは、「まず第一に、人間と自然とのあいだの一過程である。この過程で人間は自然との物質代謝を自分自身の行為によって媒介し、規制し、制御する」(『資本論』第一巻a、三〇四頁)[5]、とマルクスは述べている。

労働の特質は、行為の二重性、すなわち対象にたいして直接的に働きかけるだけでなく、それを自覚しているという、二重の仕方でかかわる点にある。

すなわち、人間が労働する行為を、たとえば農民が田を耕す場合で考えてみると、「耕す」という行為それ自体は、人間が直接的な自然という対象にたいして働きかける作用として、土を掘り返す行為である。この直接的に土を掘り返すという行為をとってみると、農民の行為も、幼児の行為も、動物の行為も、同じである。しかし、この農民の行為が労働と呼ばれるのは、一連の他の諸行為を予定し、これに関連しているからである。田に水をはり、苗を植え、成長を保護し、稲を刈り、脱穀し、というように、他の諸行為に関連することによって、「土を掘り返す」という行為が「耕す」という迂回的・媒介的な意味を獲得している。「直接的な自然力の作用であること、同時に、他の諸行為に関連して意味的であること、これが労働を特徴づける行為の二重性」であり、「手段と目的に自分を二重化する行為の合目的性なのである」[6]。

自然との物質代謝を合目的的に行うという側面は、生命一般に確認することができるが、これらの生命一般の合目的的行為から労働を区別するのは、それらの行為を自覚的・意識的に行うということであり、要するに対自的ということである。したがって、労働とは、「対自的……な合目的的関係運動」（有井『認識論』四五頁）だということができる。

(2) 労働が道具と社会、人間性を発展させる

なぜ、この確認が必要かというと、マルクスの立脚点は、労働こそが、人間と社会を形成してきたという認識に立っているからである。すなわち、労働における対自性は、自己が行う直接的な自然との物質代謝の媒介過程を自覚しているということである。「だからここでは自己が対象的に合目的的に媒介運動を発展させながら自己に媒介することができる。……対自的に媒介運動に媒介された自然は道具であり、対自的に関係運動に媒介された他の個体との関連は社会関係である」（同前、四五―四六頁）。つまり、道具とは、自然との物質代謝にあたって、自己と自然との間に道具という自然を媒介させるものであり（人間―自然―自然）、社会関係とは、同じく自然との物質代謝にあたって、自己と自然との間に他の個体を媒介させるものである（人間―人間―自然）。

そして、労働の対自性は、道具と社会関係の発展に並行して、意識や言語、思惟等の、もろもろの人

間性を発展させる。このことをマルクスは次のように語っている。すなわち、人間は、労働によって「自分の外部の自然に働きかけて、それを変化させることにより、同時に自分自身の自然を変化させる。彼は、自分自身の自然のうちに眠っている諸力能を発展させ、その諸力の働きを自分自身の統御に服させる」(『資本論』第一巻a、三〇四頁)。

3 労働から認識へ——経済学批判のもつ意味

以上のように、人間存在と社会関係のもつ意味を、労働・生産を起点に発生的に把握する見地は、人間の思惟能力や認識手続きについても、労働の見地から批判的に理解することを要請することになる。「認識」とは、さしあたり、「もっともひろい意味での知識のこと」であり、「知識」とは「確実にして根拠のある認識」であり、「一般に知識が知識として成立するためには、前提としてなんらかの確実な真理があり、そこから妥当な手続きをへて、それに到達できることが必要[7]」とされている。要するに、形式的にいえば、ある課題対象について、なんらかの根拠にそくして知的に媒介することである。

そして、ある社会関係を「認識」する場合、マルクスを徹底する立場からは、次の二つの理論的な認識の方法論が区別されなくてはならない。

第一の立場は、そこに媒介する根拠を、「我思う我」という自己意識の確実性に求める立場である(「認識主義」と有井氏がいうところの立場[8])。これは、自己意識の同義反復的な直接的・形式的同一性であって、確固とした内容的・存在根拠に支持されたものではない。そして本質的に主観的であって、直接的に客観的な認識原理になりえないので、代替的な認識原理を設定することになる。この認識原理が、だれもがその意味を承認する直接的な経験的事実や直接的有用性、あるいはさまざまなモデルなどである。その代表的なものは、任意の観察→仮説→形式推論→結論→実証、という手順で「認識」を行っていく「実証主義」の認識態度である。そして、この立場は、今日の社会科学において圧倒的に自明な認識態度である。

しかし、マルクスは、この第一の立場、すなわち認識主義の想定する認識原理の抽象性を自覚する。われわれの意識は、物事を自由に関連づけて理解することが可能だから、任意の観察にしても仮説にしても、その主観性は否定できず、いかにして真理が保証されるのかが論証されないのである。たとえば、本論の対象である協同組合の把握にしても、一方で、資本主義に協同組合がとって代わるという「協同組合主義」の主張と、協同組合は資本と同じ機能しかもたない、という主張が対立しているが、その主張がいかなる意味で真理なのかという基準、あるいはそれがいかに可能なのか、は突き詰められていないように思われる。

第二の立場は、マルクスのものであり、「存在主義」といいうる立場である。疎遠な課題対象をある根拠にそくして媒介するという形式的な認識手続きは同一であるが、存在主義は、課題対象をその存在秩序における関連においてとらえ直すこと、すなわち、発生する労働の構造からとらえ直すことを主張する。いまわれわれが対象としている社会は、たしかに人間の活動によってつくられているが、しかし、それは人間が意識してつくりだしているのかというと、実はそうではない。道具や社会関係、そして意識をも含めて労働の対自性が生み出してきたものだととらえるのが、マルクスの立場であり、この立場は労働にそくして把握することによって、社会関係を正当に把握できると考えるのである。第一の認識主義の立場においては、認識原理が認識する主観の側にあったのにたいし、第二の存在主義の立場においては、認識原理は課題対象を生み出す存在の側にあり、諸対象の存在原理として諸対象に内在しているのである。

こうした了解をもって、マルクスは、生産や分配、交換、消費を並列的に扱う当時の「経済学」を批判して、次のように言うのである。「われわれが到達した結論は、生産、分配、交換、消費が同一のものであるということではなくて、それらはすべて一つの総体の諸分肢をなしており、一つの統一体の内部での諸区別をなしているということである。生産は、生産という対立している規定のうちにある自己を包括しているとともに、また他の諸契機をも包括している。……一定の生産は、一定の消費、分配、交換を規定し、またこれらのさまざまな諸契機相互間の一定の諸関係を規定する」（『経済学批判要綱』序説、四八頁）[(9)]。

4 田中氏の生協論の方法にたいする検討

以上の検討をふまえて、田中氏の生協論における認識方法についての確認を行っておこう。田中氏の生協論の出発点は、本章の冒頭で確認したように、「消費者から出発する」というものであり、マルクスの議論の出発点は「生産する個人」であった。マルクスの社会認識とその方法の検討を行ってきたここでは、この議論の出発点の違いは本質的な分岐を含んだものであることが確認できる。課題対象をその存在秩序における関連においてとらえ直すこと、すなわち、発生する労働の構造からとらえ直すことが、マルクスの労働論にそくした社会認識であり、その確認が「序説」冒頭の確認なのであった。

「序説」は、「社会のうちで生産している諸個人が――それゆえ諸個人の社会的に一定の生産が、もちろん出発点である」（同前、二五頁）、とする記述から始まっている。このマルクスの立場が対立的に意識しているのは、「スミスやリカードが端緒としてたてた個別的な、しかも孤立化〔vereinzelt〕された漁師や漁夫」（同前）の立場、眼前の私的諸個人を抽象的に固定して、「歴史的結果としてではなく歴史の出発点として」、「歴史的に生成した個人としてではなく自然によって定立された個人として」（同前、二五―二六頁）とらえる立場である。田中氏が出発点として設定した「消費者」は、眼前の私的諸個人を抽象的・直接的に把握するもので、まさしくマルクスが批判の対象とした把握の方法だったといいうるように思われる。生協を正当に認識するには、消費者から出発してはならないのであり、あるいは生協から出発してはならないのである。生産ないし労働から出発していくなかで、生協の存在を措定していくことが必要なのである。

この議論の出発点に現れた田中氏の方法のもつ問題が、次に見る現代社会論、とりわけ物象化の理解と、生協の位置づけ・評価にかかわって、大きく議論を振動させる要因になっていると筆者は考えている。

Ⅱ　田中氏の物象化論と生協論の理論的検討

1　現代社会論の「勘どころ」としての物象化論

田中氏は、「消費者としての組合員から出発し、その生活主体としての主体形成過程において、生協をとらえるのが、私の生協のとらえ方である」としたうえで、「本書を貫く基礎論理」の「勘どころ」として、「商品の物象化」を取り上げる（『転換』はじめに、Ⅴ頁)。「物象化」とは日常的にはあまり使われない用語であるが、本来であれば主体的であると考えられるものが否定されて他のものになること、あるいは人間の能動性が物の能動性に転換されること、という意味にさしあたり理解しておきたい。物象化に関する議論が問題としたのは、人間の関係が物の関係として現れる、あるいは人間によって構成される社会が物（貨幣や企業）の社会として現れるという現代社会の矛盾した構造をいかに把握するか、また公害や環境問題を引き起こし過労死を生み出すような企業の巨大な力をいかなるものとして理解し、その変革の展望をどこに見いだすのか、という問題であった。その意味で、物象化の問題は現代社会をいかなるものとして把握するのか、における核心的な問題だと考えられる。

しかしながら、田中氏の物象化の理解には大きな問題がある。それは、のちに述べるように、田中氏が、物象化の必然性とその進歩性を承認しない点であり、その結果、物象化の構造を変革するうえで主観的な展望しか語りえない、ということである。そして、田中氏は、この主観的な変革の展望の一環として生協を位置づけることから、その生協論も主観的な「協同組合主義」、もしくは「共同体への復帰」を展望したロマン主義的なものとなってしまうのである。そして、こうした理論が展開される背景には、第I節で検討した氏の議論の出発点に示された方法論が直接に影響を与えているのである。

2 田中氏の物象化の理解

田中氏の物象化の理解は、氏の現代社会論と生協論の基礎となる部分なので、やや詳細にその論理を追ってみることにする。

まず、「出発点である」「消費者」は、「商品交換の末端の担い手として、『買い手』であり、その意味で、商品交換の措定する人格として、平等・自由な近代的人格としての性格をもつ」。そして、「消費者である労働者の生活を対象とするとき、労働者が賃労働者として、『自由な労働者』であることが出発点である。ここでの『自由』は、労働力商品の所有者としての『自由な人格』であると同時に、生産・生活手段から分離され『自由』である点で、『二重』である」ということが確認される。

田中氏は続けて言う、「生活手段が商品として現れ、商品を消費する生活の『豊かさ』とは、商品所有の豊富さとなり、商品を『持つこと』が、生活手段との結合関係の内容となりがちである。『持つこと』にとらわれた生活は、私的所有者の私的生活であり、その意味で、商品消費的生活様式は、『個人主義的生活様式』(宮本憲一『社会資本論』[10])とも特徴づけられる」。

こうした「消費者としての個人主義的生活は、市民としての『個』の発達を促すが、同時に、諸個人をアトム化（個別化）、孤立化させ、その結果、商品交換者同士の諸関係を、商品・貨幣関係として自立化させ、商品・物象的世界を拡大させる。一方での諸個人のアトム化・孤立化と、他方でのそうした私的人格間の社会的諸関係の自立化としての、商品・物象的諸関係の社会的広がりとの格差は、消費者が『私的生活』にとらわれる限り、ますます拡大せざるをえない。つまり、消費者が孤立化することにより、そうした諸個人間の社会的諸関係を商品関係として自立化させ、さらに、その商品・物象的関係を通して、諸個人間の社会的関連性が拡大するという、『私的生活の社会的性格』ともいうべき矛盾する事態が進行する」（『転換』二一一―二一三頁）。

こうして田中氏は、「消費者としての個人主義的生活」による「消費者の孤立化」が、「諸個人間の社会的諸関係を商品関係として自立化させ」る、すなわち「商品・物象的関係」をもたらすと理解するのである。

田中氏の物象化の理解について確認しておくべきは次の諸点である。

ⓐ　物象化の必然性の理解（「意識の物象化」論）

第一は、物象化の把握が、きわめて主観的なものになっており、物象化が現代社会において不可避なものかどうかがあいまいになっている点である。

田中氏の理解では、物象化は「消費者の孤立化」から発生する。その「消費者の孤立化」をもたらすものは、「消費者としての個人主義的生活」であり、商品を持つことに「とらわれた生活」である。そして、「消費者としての個人主義的生活」においては、「商品を『持つこと』が、生活手段との結合関係の内容となりがちである」とする。

常識的な、あるいは道徳的な批判としては理解できる面もあるが、ここで問題にする必要があるのは、物象化が必然性なのかどうかである。田中氏の論理からすれば、商品を持つことにとらわれず、消費者が孤立化せず、個人主義的な生活を改めれば、物象化は克服することが可能だという結論になりかねない（のちに見るように、田中氏は事実そのように主張するのである）。すなわち、田中氏の物象化論は、「消費者の孤立化」によって消費者としての主体性が失われることを意味するものであり、消費者の意識にたいする物象化ということができる（「意識の物象化」論）[11]。したがって、意識を改めれば、物象化の克服が可能なのである。

これにたいし、すぐあとに見るように、マルクスは、物象化を資本の生産諸関係から発生する必然的なものとして把握する。その結果、消費者の意識や行動を変えることで、物象化から自由になることはできず、生産諸関係の総体を変革することが必要だと把握するのである。

ⓑ　物象化を否定的なものとして評価
第二に確認しておかなくてはならないのは、田中氏は物象化を否定的なものとしてのみ評価しているという点である。

田中氏は前述のように、「消費者としての個人主義的生活」は、「市民としての『個』の発達を促す」が、同時に、「諸個人のアトム化・孤立化」による「商品・物象的世界を拡大させる」とする。つまり、「市民としての『個』」の発達を「商品・物象的世界の拡大」と分離させ、前者を肯定的に、後者を否定的に評価しているものと思われる。

が、しかし、こうしたとらえ方は、マルクスの物象化の把握とは基本的に異なると考えられる。マルクスは、著名な人類史の三段階論を展開した部分で、「物的依存性（物象化と同義――筆者）のうえにきずかれた人格的独立性は第二の大きな形態（資本主義社会のこと――筆者）であり、この形態において初めて、一般的社会的物質代謝、普遍的諸関連、全面的諸欲求、普遍的諸力能といったものの一つの体系が形成されるのである」（『経済学批判要綱』一三八頁）と述べている。マルクスが田中氏と違うのは、「人格的独立性」（田中氏の言う「個の発達」）を「物的依存性のうえにきずかれた」ものとして（つまり別々のものではなく一体のものとして）、その進歩性を評価していることである。

ⓒ　物象化を克服するための変革論の主観性

第三に確認が必要なのは、田中氏の物象化にたいする否定的な評価を徹底していくと、社会を変革していく展望が見えてこないという点である。

田中氏は、物象化の歴史的過程を概括するなかで、現代の局面を次のように語る。「現代は、商品化の進展が、地球規模で拡大すると同時に、生活のあらゆる局面に深く浸透した結果、商品がたんなるモノとしてしかとらえられなくなり、個人の内面をも掌握するに至り、個性がブランドで表現されるというような、商品と人間との転倒的関係が現れる段階である」（『転換』二六頁）。このように、商品が「個人の内面をも掌握」し、「商品と人間との転倒的関係が現れる段階」というのが田中氏の現代認識なのであり、意識が物象化しているという評価である。ここにはなんら諸個人の側に矛盾を認識する契機も条件も存在していない。この立場を徹底していくと変革は展望しえない、そこにあるのは絶望である。

しかし、田中氏は、ここで議論を大きく転換させる。

田中氏は、「消費者がアトム化・孤立化することにより、その社会的諸関係が商品関係として自立化するのであるならば、労働者の消費生活における人格的自立化は、その私的生活の個別性を、『生活そのものの活動をとおして』克服していく過程として現れる。それは、労働者の生活の場における労働や活動のなかから、直接的な人格関係＝協同的諸関係をつくり、……相互承認的な共同組織の形成を伴う。そうした相互承認的な人格的諸関係のなかでの労働者は、すでに、商品交換世界を漂う、たんなる消費者ではなく」、そうした個人は「生活主体」である、とする（『転換』二一八―二一九頁）。この「生活主体の形成」論は、それまでの展望のない物象化の議論からの大きな転換である。

ここで問題となるのは、物象化の進展と「生活主体の形成」との関係である。田中氏にとって問題なのは「消費者のアトム化・孤立化」であり、そのことにより「社会的諸関係が商品関係として自立化する」のである。だとすれば、「生活そのものの活動をとおして」、「私的生活の個別性」を克服していくことが必要だとする認識である。これが「生活主体の形成」である。しかし、決定的な問題は、その意識がまさに物象化していることを、いかにして克服するのか、ということである。現代は、商品が「個人の内面をも掌握」し、「商品と人間との転倒的関係が現れる段階」なのである。そこでは、「生活そのものの活動をとおして」、「私的生活の個別性」を克服していくことが必要だとする認識も生まれなければ、その条件もないというのが、田中氏の現代認識なのではないか。これは田中氏の議論にとっては、致命的な問題といわざるをえないのである。

3　マルクスの物象化の理解

(1)　物象化は、私的な社会的労働という矛盾する労働から発生する人格的生産諸関係の物象化

物象化にたいする田中氏の理解、すなわち「意識の物象化」論の本質的な問題は、物象化を私的諸個人の「意識」のレベルでとらえるため、「物神性」と区別しえなくなっていることである。

これにたいし、マルクスの物象化論は、「人格的生産諸関係の物象化〔Versachlichung〕」である。ここでは物象化が意識のレベルではなく、あくまで労働のレベルで把握されているのである。そして、この物象化と人間の意識とを媒介するものが「物神性」である。(12) マルクスの物象化論を生産論・労働論を起点として把握する立場が正当なものだと考えるが、現時点ではこれを自明のものと前提しえないため、『資本論』にそくして確認しておくことが必要である（この把握は、有井行夫氏の一連の研究に依拠している）。

マルクスによれば、商品の独特の物神性は、「商品を生産する労働の独特の社会的性格」（『資本論』第一巻a、一二四頁）から、すなわち「互いに独立に営まれながら、しかも社会的分業の自然発生的な諸分肢として互いに全面的に依存し合っている私的諸労働」（同前、一二八頁）という、矛盾する労働の二契機の対象化と外面的統一の媒介から発生している。詳しく見てみよう。

「そもそも使用対象が商品になるのは、使用対象が互いに独立に営まれる私的諸労働の生産物である

からにほかならない。これらの私的諸労働の複合体が社会的総労働をなす。生産者たちは自分たちの労働生産物の交換によってはじめて社会的に接触するようになるのだから、彼らの私的諸労働の特殊的に社会的な性格もまたこの交換のなかではじめてあらわれるのである。言いかえれば、私的諸労働は、そのなかで交換が労働生産物を配置し、さらに労働生産物を介して生産者たちを配置している諸関連によって、はじめて実際に社会的総労働の諸分肢としてはたらいているのである。私的生産者たちにたいして、だから彼らの私的諸労働の社会的諸連関はあるがままのものとして、すなわち諸人格〔Personen〕の労働そのものにおける彼らの直接に社会的な諸関係としてではなく、むしろ諸人格の物象的な諸関係〔Sachliche Verhaltnisse der Personen〕として、諸物象の社会的な諸関係〔Gesellschaftliche Verhaltnisse der Sachen〕としてあらわれるのである。」（同前、一二四頁）

ここで「人格〔Person〕」とは「人間〔Mensch〕」そのものから区別される人間の社会的規定、社会的成員の資格であり、社会内で社会的行為を社会的に妥当させうる資格のことである（有井『所有理論』一三一頁）。

資本主義以外の生産形態において確認できるのは、人々は、生産のなかで互いに当該生産共同団体（「社会的生産有機体」）の成員であること、すなわち人格〔Person〕であることを承認しながら、「諸人格の労働そのものにおける彼らの直接に社会的な諸関係」を形成し、これを介して生産を媒介しているということである。このことは、『資本論』の同じく物神性論における、四つの「他の生産形態」（①ロビンソン物語、②ヨーロッパの中世、③家父長的な生産、④自由な人間たちの連合）においては、「人格的な諸関係としてあらわれる」とする次の記述と対照することによって明確となる。「ここで相対する人間たちの役柄的仮面がどのようなものであっても、彼らの労働における諸人格の社会的諸関係は、どんなばあいにも彼ら自身の人格的な諸関係としてあらわれるのであって諸物象の、諸労働生産物の諸関係に変装されてはいないのである。」(『資本論』第一巻a、一三二頁)

これにたいし、資本主義社会における私的諸労働のもとでは、社会的生産を媒介する生産関係は人格的なあり方をとらない。「生産者たちは自分たちの労働生産物の交換によってはじめて社会的に接触するようになる」のであり、生産関係が人格的に形成されているのではない。「私的労働としての社会的労働」として、すなわち、客観的・現実的には社会的であり、社会的相互依存関係を前提としながら、主観的・直接的には、私的・自己完結的に、つまり社会的であることを直接的に排除する仕方で、労働が編成されているのであり、諸人格は社会関係から孤立した私的生産者なのである。

他方、生産ではなく交換において諸人格が社会関係を取り結ぶかぎりでは、その関係の規定性は非人格的(物象的)であり、その関係の主語は非人格(物象)である。なぜなら、社会関係を規制する内在的必然性がいまや私的となった人格の側にではなく、非人格(物象)である商品の側にあるからである。マルクスが言うように、「私的諸労働は、そのなかで交換が労働生産物を配置し、さらに労働生産物を介して生産者たちを配置している諸関連によって、はじめて実際に社会的総労働の諸分肢としてはたらいているのである」。

このように、マルクスにあっては、商品自身が商品に価値関係行為をし、価値関係を取り結び、「商品語」〔同前、九〇頁〕をしゃべるというような固有の能動性、固有の物象的自立性の存在根拠は、商品という形態そのものを産出する「私的労働としての社会的労働」という生きた自己矛盾関係にある歴史的労働形態であることが確認されているのである。

(2)「物神性」とは、物象化した社会関係と人間の意識を媒介するもの

こうした物象化の成立を前提として、マルクスは物神性について次のように指摘する。

「したがって、商品形態の秘密は単純に、商品形態は、人間〔の知覚〕にたいして〔den Menschen〕人間自身の労働の社会的性格を労働生産物そのものの対象的性格として反映し、これらの物〔Ding〕の社会的な自然属性として反映し、したがってまた、総労働にたいする生産者たちの社会的関係をも諸対象の彼らの外に実存する社会関係として反映する、ということのうちにある。このような転換によって、労働生産物は商品になり、感覚的に超感覚的な物〔Ding〕、あるいは社会的な物になるのである。」〔同前、一二三頁〕

ここで確認が必要なのは、第一に、「人格〔Person〕」と「人間〔Mensch〕」とをマルクスは区別して使っているが、ここでは「人間〔Mensch〕」を対象に議論しているということである。つまり、「人格的生産諸関係の物象化」によって、「商品形態は、人間〔の知覚〕にたいして〔den Menschen〕……転換」を起こすのである。

第二に、「人間自身の労働の社会的性格」や「総労働にたいする生産者たちの社会的関係」は、客観的に物象的に自立化していることが前提とされていることである。

第三に、こうして物象的に自立化している「人間自身の労働の社会的性格」や「総労働にたいする生産者たちの社会的関係」を、「労働生産物そのものの対象的性格」「諸対象の彼らの外に実存する社会関係」として反映するとは、自己自身から客観的に自立しているが自分の労働によって生み出したという意味で本来的に自己自身のあり方を、物の属性として、本来的に自己ならざる対象物として、自己が外的に所有し、支配下に置きうる感覚的な物として、人間の知覚に「反映」することである。

こうして「人間自身の特定の社会関係」が「人間〔の知覚〕にたいして物と物との関係という幻影的な形態をとる」（同前、一二四頁）のである。つまり、自己の物象化した関係態にたいして、自己に本来的に外的・自立的なあり方として、意識が受け取るというあり方を、「宗教世界の夢幻境」におけるものに類比しながら、マルクスは「物神性〔Fetischismus〕」（同前）と呼ぶのである。

(3) マルクスの物象化、物神性の理解からの帰結

以上のように、やや詳細にマルクスの議論を追ってきた。そこで確認しうるのは次の二点である。

ⓐ 物象化は必然的な過程である

労働論を基礎に、現代社会を生産諸関係として理解するマルクスの立場からは、物象化とは、「人格的生産諸関係」の物象化であり、意識の関係ではない。そして、このことは、物象化の構造それ自体が、社会の生産関係の必然的なありようなのであり、生産諸関係の変革なしには、ここから脱却することはできないことを意味する。

田中氏は、この必然性を理解しない。氏の議論は、「消費者のアトム化」という目に映る「事実」か

ら、物象化＝「人と人との関係が物と物との関係として現れる」とする意識に現れる関係として理解するのである（意識の物象化論）。したがって、「協同」するという個人の行為や意識のありようを変えることで、この物象化からまぬかれうるとする理解に展開していくのである。

ⓑ 物象化のもつ進歩的な役割

第二に確認しておくべきことは、こうした物象化に示される社会の進歩性の評価である。マルクスは、さきにも引用した『経済学批判要綱』における著名な「人類史の三段階論」で、「最初の社会諸形態」は「人格的な依存諸関係」であり、ここでは社会的分業は、「狭小な範囲においてしか、また孤立した地点においてしか展開され」ていなかったとする。これにたいし、第二の大きな形態は、「物象的依存性のうえにきずかれた人格的独立性」であり、「この形態において初めて、一般的社会的物質代謝、普遍的諸関連、全面的諸欲求、普遍的諸力能といったものの一つの体系が形成されるのである。諸個人の普遍的な発展のうえにきずかれた、また諸個人の共同体的、社会的生産性を諸個人の社会的力能として服属させることのうえにきずかれた自由な個体性は第三の段階である。第二段階は第三段階の諸条件をつくりだす」（『経済学批判要綱』一三八頁）と位置づけている。

人類史の第二段階としての現代は、「生産者たちは自分たちの労働生産物の交換によってはじめて社会的に接触するようになる」（『資本論』第一巻a、一二四頁）のであり、諸個人が意識的・計画的な過程として社会を形成していないがゆえに、資本主義の社会形成は対立的で矛盾に満ちた過程でもある。ここに、第I節で指摘した「認識主義の立場」から現代社会の否定的な評価が生まれてくる背景と必然性があることは容易に想像がつく。つまり、「観察する立場」からは、社会の発展が同時に対立的で矛盾に満ちた過程であることは理解しがたいのである。そこで、認識主義に立つ論者は、現存の社会の対立性や矛盾を見て、「商品が消費者を孤立化させる」、「貨幣の存在が問題だ」などの「任意の観察」を行う。そして、「任意」の変革の展望を語るのである。

これにたいし、「生産する個人」から出発する立場からは、第一段階の「狭小な範囲」における「人格的な依存関係」から、「物象的依存性のうえにきずかれた人格的独立性」、「一般的社会的物質代謝、普遍的諸関連、全面的諸欲求、普遍的諸力能といったものの一つの体系」を生み出す過程を、ⓐで述べたように必然的であると同時に、労働の対自的な発展過程として対立的な側面をともないつつも進歩だと評価しうるのである(13)。

Ⅲ　生協理論の基本的な対立構造

さて、以上の検討を土台として、生協理論の検討に入ることにする。

これまでの生協ないし協同組合研究は、現代社会において生協・協同組合の占める位置と役割、とりわけ社会変革との関係において、生協・協同組合がいかなる位置と役割を占めるのか、を中心論点として議論されてきたと考えられる(14)。

こうした議論にたいし、田中氏は、自らの生協論を「主体形成論的協同組合論」と規定づけている。

すなわち、「協同組合は、構成員である主体およびその組織と、協同組合の事業構造の統一として存在する」のであり、「協同組合論は、その構成員主体の性格に即した主体形成論として展開されるはずであり、そうした方法こそが、トータルな協同組合把握の方法たりうる」（『転換』二〇頁）とされる。このように生協論を田中氏が組み立てるのは、田中氏の現代社会論とその変革論が、「消費者」としての矛盾の把握という点に集約されているからである。つまり、現代社会の矛盾は「消費者」に集約され、「消費者」の「内在的矛盾の把握」とその展開が「協同」にもとづく「生活主体形成論」として、生協論に結果しているのである。しかし、田中氏の議論の出発点と現代社会論のもつ問題点を指摘してきたここでは、論点は、より適切に、現代社会における生協・協同組合の占める位置と役割という問題として立てられなくてはならない。

1　現代社会において生協・協同組合の占める位置と役割——協同組合主義とその批判

さて、生協・協同組合をめぐる議論の対立状況は、協同組合主義の主張、すなわち協同組合は資本主義の経済体制とは別個の原理に立つものであり、その影響力が拡大することにより資本主義が変革されるとする主張と、それにたいする批判として展開されていると見ることができる。後者の代表的な立場は、資本主義の経済体制と協同組合は別個の原理に立つわけではない、したがって協同組合の影響力が拡大することで資本主義を打ち倒すことはできない、資本主義は階級闘争の拡大によって打ち倒されるのであり、協同組合はその一翼を担うことができるとする（石見尚氏のいう「階級的協同組合論」の主張）。(12)

対立点を整理すると、論点は次の二つである。

一つは、協同組合が他の資本主義的企業とは別個の原理に立つものであるかどうかという問題である。これを肯定するのが協同組合主義であり、否定する立場の代表的なものが「階級的協同組合論」である。もう一つは、資本主義は何によって変革されるのかという論点である。協同組合によって変革されると見るのが協同組合主義である。これにたいし、協同組合による変革を認めない立場にはさまざまなものがありうるが、代表的なものは「階級的協同組合論」である。変革にたいしては絶望的な立場もありうるし、そもそもそうした変革論を語ることをしない議論も多い。

さて、このように論点を整理したうえで、田中氏の生協論をあらためて検討すると、氏の議論は、きわめて協同組合主義に近いものになっていることが確認できる。すなわち、何度も確認したように、田中氏は、現代社会を商品交換世界の拡大と深化（資本主義の発展）によって、消費者の孤立化が進み、商品世界は物象的世界として諸個人に外的に対立すると把握する。そして、これにたいし、「物象化を制限するような人格的諸関係を組織的に編成（相互承認）すること」（『転換』一〇六頁）によって生活主体形成を行っていくことに社会変革の展望を見出すのである。生協は、そうした「直接的な人格的諸関係をとり結ぶ組織（「人格的結合体」）、すなわち、協同組織（アソシエーション）の一つ」（『転換』二九頁）だと位置づけるわけである。もちろん氏は、生活主体形成の場を生協に限定するわけではないし、生協のみに変革の展望を託すわけでもない。したがって、厳密な意味で協同組合主義とは言い切ることはできない。しかし、生協をひとつの場として形成される「人格的結合体」ないし「協同組織」に、商品交換社会ないし資本主義の発展とは「別個の原理」（物象化にたいする物象化の制限）を対置し、ここに社会変革の展望を見出すものである点では、協同組合主義にきわめて近い論理だといわざるをえない。

2　マルクスの現代社会論とその変革の展望――資本主義の自己批判

マルクスの立場からの生協論は、これまでの生協・協同組合論の系譜と区別され、これらを批判していくことになる。その際の核心的な概念は物象化である。

(1)　物象化論の理解が決定的な分岐点

第Ⅱ節で確認したように、マルクスは、物象化を必然的でかつ進歩的な過程だと把握する。この把握の背景には、物象化を社会的生産の今日的な発展段階として、すなわち「私的労働としての社会的労働」という、商品交換社会における矛盾した労働から発生するものとして把握する見地があった。

しかし、物象化の過程は、生産のための生産、価値増殖の自己目的化の過程として進行するために、諸個人にとっては、対立的な過程として進行する。「実証主義」に代表される「認識主義」の立場は、こうした事態を「意識の物象化」として把握する。これは田中氏にのみ独自の理解ではなく、物象化に関する「通説的な理解」というべきものである。そして、この「意識の物象化」論からは、物象の能動性がもつ必然性と進歩性が、まさに労働の媒介性の発展の今日的な形態としての、対立的ではあるが、絶対的な必然であり進歩だという側面が理解されないのである。

そして、物象化のもつ必然性と進歩性を理解しえない立場、したがって、労働からの必然的な展開として、現代社会における物象化を把握しえない立場からは、物象化した社会の変革を構想するにあたって、絶望か、主観的な変革論に結果していくことになる。後者の主観的な変革論の立場は、資本主義の発展を阻止し、抑止する別個の原理を資本主義に対置するという議論である。その現れの一つに、協同組合の影響力の増大によって資本主義にとって代わりうるという「協同組合主義」が位置づき、物象化の進展を阻止するための「協同」という田中氏の議論が位置づくのである。

そして、実は、「協同組合主義」を批判する「階級的協同組合論」も、物象化のもつ必然性と進歩性を理解しないという点では共通である。物象化の必然性と進歩性を把握しえないがゆえに、変革の展望をもっぱら階級闘争に求めざるをえないのである（「階級闘争史観」）。そして、この立場の変革論としての限界は、社会構造論と変革論との分離、すなわち変革主体たる労働者階級のみはその意識の物象化から自由でなければならないというジレンマに見ることができる。そして、「階級闘争史観」は、階級的な諸運動の「停滞・衰退」という直接的に経験される「現実」のうえでも、そのリアリティを失い、影響力を失っているのである。

ここで確認しておく必要があるのは、「協同組合主義」と通説的なマルクス主義に立脚する「階級的協同組合論」とは、対立的に理解されてきたが、物象化を核心とする現代社会の把握において、その必然性と進歩性を理解しないという否定的で悲観的な社会把握、およびその社会把握と切り離された主観的な変革論、という理論構造では共通しているということである。ここに、「協同組合主義」が幻想にすぎず、協同組合ロマン主義だと批判されながら、その主張が根絶されることなく今日までくり返される根拠があったのである。「協同組合主義」の論者から言わせれば、協同組合という資本主義に代わる別個の経済原理を対置しない「階級的協同組合論」のほうがよほど幻想的でロマン的だ、ということになるのである。

(2) マルクスの変革論——資本主義の自己批判

では、「協同組合主義」と「階級的協同組合論」に共通する変革論の主観性に対比して、マルクスの変革論の基本はどこにあるのか。資本主義は発展することによって「自己批判」するというのがマルクスの変革論の基本的な見地であると考えられる。ここにおいても、原理的な確認が必要である。

「生産する個人」から出発するという、マルクスの議論は、対自的で合目的的関係運動としての労働が、自然との物質代謝の過程で、道具と社会関係を形成し、その社会関係の発展によって、人間は「自分自身の自然を変化させる」(『資本論』第一巻a、三〇四頁)、すなわち言語や意識や文化等の人間的「自然」を発達させていくということを明らかにする。このように、社会関係も人間の意識も労働の関係として措定されるのであり、「いまここにいる自分の意識」や自覚的に社会編成を行っている諸個人の意識をも、労働の関係から批判する(第I節での確認)。

マルクスにおいて物象化は、「私的労働としての社会的労働」という労働の特質から、生産過程において人格的なものが脱落すること(非人格化)であり、生産関係が物象的に編成されることである。いまや、商品・貨幣・資本と展開される物象の能動性が、社会編成の真の主体である(第II節での確認)。

他方、商品の生産関係において脱落させられた人格関係は、商品の交換関係において「私的所有者として相互承認すること」において法的人格として成立している。この法的人格の意義は、一面では、人間の社会的存立の根拠である生産関係、そこから疎外された交換関係の世界における、その意味で抽象されたたんなる法的人格であるという側面をもつが、しかし、他面では、諸個人がはじめて獲得した自覚的な社会形成実態としてのあり方なのである。すなわち、商品交換のシステムにおいて、私的所有という形態で自由な人格が措定されたということである。

ⓐ　労働の社会的生産力の発展とそれが資本という私的な生産として行われることとの矛盾

ところで、私的所有は資本の社会意識形態であり、資本のシステムを正当化する形態であり、公認の人格のシステムはこれ以外にはありえなかった。現存の社会は私的所有する自由な個人が形成する自由で平等な社会であり、所有の根拠は自己労働と等価交換にあるということが、社会的に承認を受けた公認の形態であった。すなわち、ここから言えば、もちろん「私のものは私のもの」である。ところが、資本のシステムは、その私的生産の内部で行われる「私たちのものは私たちのもの」という意味での私的所有は否定するのである。つまり、労働者の共同の労働の成果を労働者自身に返すことはせず、私的に資本のものにするということを承認しているのである。『資本論』によれば、「所有は、いまや、資本家の側では他人の不払労働またはその生産物を取得する権利として現れ、労働者の側では自分自身の生産物を取得することの不可能性として現れる」（『資本論』第一巻b、九九七頁）。資本主義のシステムは、私的所有と資本との矛盾、資本が私的所有を不断に否定するシステムである。

さて、このように資本のもとで労働は、資本による私的な生産として組織されている。だから資本のもとでの私的な生産は、たとえ社会的な労働として編成されていたとしても、それが「社会的なもの」として社会的に承認されることはない。ところが、労働の生産力の発展は、この私的な形態の内部で、有機的・社会的・協同的な相互連関のネットワークを拡大していくことになる。その結果、資本の私的な生産過程は、発展することにより、社会的な生産過程として、その社会的性格を現していくのである。

このように、資本が発展すればするほど、社会的な生産が私的に組織されていることの矛盾を明らかにしていくのである。

ⓑ　この矛盾は労働者の社会意識にも現象する——物神性は否定される

そして、この矛盾は労働者の社会意識にも現象する。機械制大工業において事実的に共同的・社会的労働が行われていることは否定しようのない事実であり、また、その労働が自らのものでなくなり、その成果の取得から労働者が排除されていることもまた明らかなことである。

たしかに、「意識の物象化」論者が主張するように、商品交換のシステムにおいては、物神性によって、物象化はその矛盾を露呈しなかった。すなわち、物象的な生産関係を内実とするという意味で社会の編成態となっている商品を自由な人格が所有する、という形で、現存の社会を「人のシステム」として意識のうえでは受容していたのである。ところが、その商品のシステムは同時に資本のシステムであったのである。そこにおいては、上述のように、自ら生産したものが他人のものになるという形で私的所有の原則が破られていることが明らかになる。資本のシステムは「物のシステム」でもあることが明確となる。ここにおいて物神性は否定されるのである。

ⓒ　現代資本主義の総体としての変革こそが焦点

「私的な社会的な生産」という生産のシステムにおける矛盾を起点として、協同組合運動や階級闘争が発生する。いずれも自由な人格としての労働者の批判運動として展開されてきたものであり、こうした運動の展開は、矛盾を自覚した諸個人の運動として、生産のシステムにおける矛盾の現象形態として見ることができる。しかし、その範囲を超えて、これらの運動によって、資本のシステムが変革しうるとするのは、諸個人の意識のもつ働きへの過大評価につながると考えられる。

マルクスの労働論を徹底して考えると、あくまで、今日の社会編成を起動的に展開しているのは、人格的関係を疎外しつつ生産関係を編成する物象の能動性・自立性であって、諸個人の意識は、その物象的に編成されている生産の関係によって、豊富にされ、発達を強制されるという関係に立つ。物象の能動性・自立性が、その能動性・自立性を展開し終える地点まで展開すること、物象の能動性・自立性がその歴史的役割を終えるという地点においてはじめて、人間は「自由な個体性」を自らのものとし、社会的生産を人格的に制御しうる段階に達するのではないかと考えられるのである。

そして、その地点として、マルクスが念頭においていたものは、「世界市場」である。マルクスは『資本論』において、「資本主義的生産の三つの主要な事実」として、「①少数の手のなかでの生産手段の集積」、「②社会的労働としての労働そのものの組織」につづいて、「③世界市場の形成」をあげている(16)(『資本論』第三巻a、四五一頁)。物象の能動性の発揮は、市場における競争として現れるのであり、競争を制約するには部分的規制では意味をなさない。展開される余地がほかにあるならば、資本は規制された部分から他の部分へと展開していくからである（この場合、地理的な問題を念頭においているが、このことは地理的な問題に限られない。資本のシステムが有機的な総体として生産のシステムである以上、これにたいする批判の運動としても、部分の規制は効力をもたないと考えられる。たとえば、階級闘争や協同組合運動などもこの一環として、その限界を考慮すべきである――「階級闘争史観」や「協同組合主義」の限界）。現在、ようやく、世界市場が形成されつつあり、物象の能動性にたいする世界的な制御が、客観的な歴史の課題として登場しつつある段階にいたっていると考えられる[17]。

そして、「世界市場」は、自由な人格の形成という意味でも新しい画期をなす。マルクスは、「個々の個人はこれ〔世界市場の形成〕によってこそはじめて、さまざまな国民的および局地的な枠から解放され、全世界の生産と（また精神的生産とも）実践的なつながりをもたせられ、全地上のこの全面的な生産（人間の創造物）をエンジョイできる立場におかれる」のであり、「一人一人の個人の解放が、歴史の世界史への完全な転化の度合いに応じて、成就されていく[18]」ことを確認している。つまり、物象的な力の展開として世界市場が形成され、そのもとでそれを統御し意識的に支配できる人格も形成されていくのである。

さて、以上の検討から明らかになるのは、「協同組合主義」というのは、協同組合の範囲に固執する立場だということである。協同組合を発展させていけば資本を根絶できるというのは幻想である。協同組合運動は、資本が私的諸個人にたいして不断に生み出す矛盾（取得法則の転回構造）に立脚して、社会への批判意識をその前提とする運動である。しかし、この社会的矛盾は、自立的な生産の関係から生み出される総体の矛盾の一つの現象であり、協同組合という部分においてこの総体の否定は考えられないのである（同様のことは、「階級的協同組合論」にたいしても当てはまる）。

おわりに

本章は、生協論の理論的な検討に課題を限定し、田中氏の議論を素材として検討を進めてきた。そこで確認されたのは、次の三点である。

第一は、観察する立場から、直接的な事実を評価するのではなく、存在にそくした把握が必要だということである。

第二は、物象の能動性のもつ必然性と進歩性を評価することが必要だという点である。生協は、資本の対立的な発展によって生じる矛盾を意識し自覚する諸個人によって運動を展開する組織である。生協運動は、資本にたいする対抗を契機として発生する。しかし、それは、資本の発展自体を阻止するものであったり、資本の原理とは別個の原理を対置することによって資本を根絶できるような幻想をもったものとして認識されてはならないのである。

第三は、世界市場の形成が、市場の規制すなわち物象の能動性を克服する条件をつくりだすのであって、運動の展開方向も、こうした世界市場の形成とそのもとでの物象の能動性の民主的規制を展望するものでなければならない。ただし、もちろんこのことは、国内や地域での運動、あるいは企業（生協）といったさまざまなレベルにおける民主主義を求める運動を軽視することを意味するものではないことは当然である。

田中氏は、さらに、現代主体（組合員）をはじめ、生協労働、生協事業経営などについても、評価と戦略を展開している。生協戦略論は、生協理論を対象とする本章の直接の課題ではないが、その内容の吟味にあたっては、上記三点の確認事項が不可欠となってくるものと考える。

（1）本章は、日本福祉大学大学院情報・経営開発研究科の修士論文「生活協同組合論の理論的検討――『意識の物象化』論批判の視点から」（ＣＲＩ『協同組合総合研究所研究報告書』第二三号に収録）を大幅に圧縮し書き改めたものである。

（2）その内容については、必要な範囲で本論でも述べるが、マルクスの社会認識の全体については、有井行夫・長島隆編『現代認識とヘーゲル＝マルクス』（青木書店、一九九五年）を参照のこと。

（3）本章は有井行夫氏の一連の研究業績を前提としている。労働論の簡潔な要約として「マルクスにおける労働論の射程」（基礎経済科学研究所『経済科学通信』第七七号）。マルクスにそくした本格的な著作として、『マルクスの社会システム理論』（有斐閣、一九八七年）、『株式会社の正当性と所有理論』（青木書店、一九九一年。引用に際して『所有理論』と略記）、前掲『現代認識とヘーゲル＝マルクス』（引用に際して『認識論』と略記）を参考にした。

（4）通説的な「マルクス主義」も労働の重要性は認識しているではないか、とする批判もあろう。しかし、

「人間は、種々の活動をいとなむためには、まず生きなければならず、そのために生活に必要な物質財を生産しなくてはならない」（富沢賢治『労働と生活』世界書院、一九八七年、二六頁）という程度の理解にとどまっている場合が圧倒的である。このレベルでとどまるならば、「労働論」を語る意味はほとんどないといってよいであろう。

(5) 以下、『資本論』からの引用頁は、新日本出版社版による。ただし、訳文は筆者の責任で一部変更している。

(6) 有井行夫「カール・マルクス」（経済学教育学会編『経済学ガイドブック』青木書店、一九九三年、所収）三〇四頁。

(7) 『哲学事典』平凡社。

(8) 「認識主義」、「存在主義」については、有井『認識論』第一章、参照。

(9) 以下、『経済学批判要綱』からの引用頁は、『資本論草稿集①』（大月書店）による。ただし、訳文は筆者の責任で一部変更している。

(10) 有斐閣、一九六七年刊。

(11) 「意識の物象化」論の立場が「通説的な理解」であることは、前掲拙稿「生活協同組合論の理論的検討」一六頁以下で確認した。田中氏の物象化論の枠組みは、その意味で、G・ルカーチ、H・マルクーゼ、J・ハーバーマスというフランクフルト学派、およびJ・ボードリヤールなどと同一であり、変革論におけるジレンマも同一のものだと考えられる。

(12) 以上の区別につき、山本広太郎『差異とマルクス』（青木書店、一九八五年）が参考になる。

(13) この点は、レーニンが「経済学的ロマン主義」を批判する際の主要な論点のひとつであった。レーニン「経済学的ロマン主義の特徴づけによせて」(『レーニン全集』第二巻、大月書店)等を参照のこと。

(14) 研究の系譜については、石見尚『第三世代の協同組合論』(論創社、一九八八年)一一〇頁以下、河野直践『協同組合の時代』(日本経済評論社、一九九四年)四八頁以下、を参照した。

(15) 石見、前掲書を参照のこと。

(16) 山口正之氏は、「マルクスの『経済学批判』の最後の言葉が『世界市場の形成』であったという疑えない事実は、これまで、十分な評価を受けてきたとはいえないように、私には思える」とされている(『社会経済学——なにを再生するか』青木書店、一九九四年、一八八頁)。

(17) 一九九九年の一二月二九日付の『日本経済新聞』において、ロンドン大学政治経済学院学長のアンソニー・ギデンス教授は、グローバル化の進展にたいして、「世界経済の運営では国の枠を超えた地球規模の『経済政府』のような存在が必要」になるだろうと語っている。

(18) マルクス『ドイツ・イデオロギー』大月書店版『マルクス=エンゲルス全集』第三巻、三三頁。

第五章　古い協同から新しい協同へ

——双方向コミュニケーション型生協の構想——

小栗崇資

はじめに

生協のあり方をめぐってさまざまな論議がなされている。とりわけ生協の具体的な改革の方向を論ずる議論は多種多様であり、その方向性は一致しているわけではない。つねにそうであるが、生協のあり方をめぐって多くの議論は協同組合主義的な方向か、企業主義的な方向かのどちらかに傾斜しがちである。協同組合主義的な傾向の一つは、企業化をともなう商品事業を忌避して環境や福祉に新たな協同の場を求めようとしている。他方、企業主義的な傾向は、拡大路線が行き詰まった今日では抜本的な自己革新の術もなく、なりふり構わないリストラへと邁進している。協同組合主義も企業主義もどちらも協同組合を特別の存在とみなし、協同をアプリオリに価値あるものとする考え方に立っている。協同組合主義は協同の諸運動を追求することで資本主義社会とは異なった社会システムを夢想し、企業主義は企業的手法を追求することで資本主義内部で競争的な形での協同の優位を夢想するのである。協同組合主義は協同組合が社会的に企業に取って代わることができるものと幻想を振りまく点で誤っており、企業主義は企業経営的に競争に勝つことで協同組合が拡大すると考え、結果として企業と協同組合の違いを無視し協同組織の特色を破壊してしまう点で誤っている。この両極の誤りの真の克服は、現代資本主義をどのようにとらえ、どのような社会をリアルに構想するかという原理的検討からはじめなければならない。本章ではそうした理論問題を紙幅の関係で検討することができないので、筆者の他の論稿を参照されたい(1)。以下、本章では理論的検討を前提にした具体的な生協改革の展望を論じることとしたい。

問題の焦点の一つは、生協を消費者の運動・事業組織としてとらえ、商品事業を根幹に据えるかどうかという点にある。筆者のスタンスは、単純化を恐れずあえて対比的に言えば、生協はやはり消費者の運動・事業組織であり、「商品を求める協同」を指向するものと考える点にあるといってよいであろう。

Ⅰ　運動的事業体としての生協

1　生協とは何か

具体的に、生協の組織・構造・運営に関する筆者の考えをまとめれば次のようになる。

生協は生活の改善や生活の質を求めて形成された消費者の運動・事業組織である。ここでの「消費者」という規定は、生産者の協同組合ではなく消費生活過程にある人間＝消費者の協同組合であるという程度の定義であって、それ以上に踏み込んでいるわけではない。「消費者の生協」のままでよいかどうかの問題提起がなされているが、それはどのような消費者であるべきかという問題意識の反映であると考えられる(2)。商品社会の孤立した顧客にとどまるか、主体的で自覚的な消費者へと発展していくかということではないか。

筆者は、生協の組合員がその主体の発展のなかで、ワーカーズコレクティブに参加したり、NPOを設立したりすることは大いにありうると考えるものであるが、そのことと生協が商品事業を中心にした消費者の運動・事業組織であることとを取り違えるべきではないと考えるものである。生協が商品事業を中心とした運動・事業組織から労働者協同組合的な労働組織や社会サービスの互酬援助組織に変わっていくことを「消費者の生協」の時代の終焉が意味するとすれば、それは多くの企業化した生協へのアンチテーゼとはなっても、生協の直面する問題の解決方向としては適切ではない。適切ではないどころか、生協の担ってきた重要な役割を結果として放棄することにつながりかねないと危惧するものである。

筆者は、消費者の生協として商品事業を深化させることは、今日においてあらためて重要な課題であると考えるものである。

生協は消費者の運動・事業組織であると述べたが、生協の運動と事業の関係をもう少し詳しく検討してみよう。

生協における運動と事業の関係を表現するとすれば、「運動的事業体」という規定がそれに近い内容を示すことになろう。ただし、「運動的事業体」は必ずしも生協に限ったことではない。運動的要素をともなった事業は、NPOのような非営利的事業も含めてNPO的な運動から生まれた企業や社会的問題の解決を事業としてめざすベンチャー企業にも見ることができる。最近では先進的な企業経営者が社会的課題を従業員ともども意識的に事業として取り込むような企業や企業家団体も生まれている。一般の企業でも運動論的発想でビジネスを行うことはありうるし、今後ますますそうした社会貢献型の企業は増大するであろう。

そうしたなかで「運動的事業体」として他の組織と区別して生協の特質を表わすとすれば、「運動的要素を組み込んだ組合型企業」と規定することができる。すなわち、運動的志向をもった人々によってつくられ、商品事業を中心に行う組合型企業が生協である。商品事業についてはのちに述べるとして、運動的側面と企業的側面に分けて生協の運動的事業体の特質をもう少し詳しく分析してみよう。

2　生協の運動的側面

運動的側面で見ると、生協はこれまで消費者運動・生活者運動の一つとして市場や企業への批判的役割を担ってきた。歴史的にも、生協はヨーロッパでは労働運動から派生し労働者階級の消費生活を支え改善する一大社会運動として社会的に重要な役割を果たしてきた。日本でも、とくに一九七〇年代に都市近郊の団地等に新しく形成された勤労世帯を中心に市場の欠陥（商品への不満）に対抗する消費者（生活者）運動として大きな発展を遂げてきたことは、周知の通りである。

生協は消費協同組合として生活協同組合という名前にあるように、生活（消費）に関して市場や企業では満たされないニーズ（要求）を実現するための運動組織であるということができる。将来、市場（企業）の供給する商品でニーズが充足されるとすれば生協の存在意義は消失するであろう。しかし、資本主義での市場と企業は消費者のニーズを満たすうえで構造的な弱点を持っている。商品生産そのものに構造的弱点が内在化されているからである。

それは第一に、商品が本来、社会的なものでありながら私的に生産されることから生じる弱点である。商品がニーズに応えるものであるかどうか（使用価値）は市場における販売結果としてしか明らかとならない。生産と消費は乖離・断絶していて、生産者はニーズを予想して生産するのみであり、消費者の声（ニーズ）は構造的に生産に反映されることはない。経営管理やマーケティングは、売れそうなものを生産する仕組みや生産したものを買わせる仕組みを高度に発達させたが、それは構造的弱点の補完を意味している。大量生産・大量消費の時代が終焉し、生産システムやマーケティング手法はニーズへのフレキシブルな対応を追求しているが、消費者の多様で個別なニーズを満たすことはやはり困難である。

第二に商品生産は、人間と人間との人格的関係を商品と商品との物象的関係（モノとモノとの関係）に置き換える役割をもっており、商品の購買だけでは消費ニーズの一部を満たすことができても、人間的な関係性のニーズ（交流や協力）を満たすことはできない。

現段階ではなお多くの生活（消費）ニーズは充足されていないといわねばならない。ニーズ自身がつねに変化・発展していることからニーズはつねに完全に充足されることはなく、ニーズはつねに充足の過程にあるという意味で未充足であるということもできるが、市場・企業の構造的弱点によってニーズの未充足状態は相乗化されているといってよい。

生協はこれまで、安全・安心な商品という消費者の共通ニーズを運動的に事業化し、資本主義的な市場や企業への対抗組織として自らを発展させてきた。今後もそうした生活（消費）の批判的・改革的な消費者運動・生活者運動として存在意義を発揮することが期待されているのである。しかし、運動的側面もその展開を誤れば、運動的エネルギーを低下させることになる。とくに日本の生協運動は革新的な諸運動の低迷のなかで結果として重要な政治的役割を果たすこととなり、過度にその運動的側面が強調されてきた。運動がその時々の政治的・社会的な課題のなかで時代の影響を受け、運動的な高揚と停滞を経験することはやむをえないことである。日本の生協は社会運動としての高揚を七〇年代、八〇年代に経験したことによって得たものも大きいが、失ったものも大きいといわねばならない。現段階での問題は、のちに述べるように時代に即した運動への転換が遅れていることであろう。これまで旧来の運動をリードしてきた先進的な組合員や職員が経験主義にとらわれ自己革新できない点が大きな遅れの要因である。運動論・組織論の点で大きな隘路に陥っているのである。

生協の運動的側面はあくまでも生活（消費）の改良であり、市場や企業で満たされないニーズの充足である。それらが今日の社会システム（資本主義）にたいする批判的・対抗的な性格を帯びていることはいうまでもないが、そうした批判性・対抗性を社会運動として組み立てることが生協の役割ではない。またそうした批判性・対抗性は反資本主義的にイデオロギッシュに組織されるべきではなく、資本主義の改良・改革のための民主主義的な主体意識として発展させられるべきである。生協の原点はあくまでも生活（消費）ニーズにあることを強調しておきたい。

3　生協の企業的側面

次に企業的側面を見ると、生協は人格的な要素を色濃くもった組合型企業であるという点に重要な特質があることがわかる。この点が生協の基本的特質であるといってもよい。運動という側面で生協が市場や企業への対抗的性格を持っていることを述べたが、その性格は企業的側面において決定的となる。企業は通常は株式会社形態をとるのにたいし、生協はあえて組合形態をとるからである。

ここで生協について企業という規定をしているのは、事業を行うものは理論的に見ればすべて企業（enterprise）といえるからである。そこでは企業がどのような形態をとるかということが問題となるにすぎない（公企業か私企業か、個人企業か法人企業か、会社型企業か組合型企業か、等々）。したがって通常の資本主義的企業は会社型（株式資本型）をとり、生協は組合型をとるということができる。企業形態という点から見れば、組合形態は会社形態成立以前の古い企業形態であるといわねばならない。資本を集中させるうえで人格的な要素を残したままの個人が結合したのが組合形態である。その後、歴史的には個人が結びついただけの不安定な資本である組合形態の弱点を克服するために会社形態が考案された。今日の商法にもある名称を使って表現するとすれば、無限責任社員だけの合名会社形態、無限責任社員と有限責任社員の結びついた合資会社形態を経て、株式会社形態が成立していったのである。したがって、企業形態からのみ見れば組合型企業は株式資本型企業と比べれば資本集中の安定性や規模や組織性という点で弱点をもった形態ということになる。生協があえて組合型企業形態をとっているのは、物象的な株式資本型企業と対抗して人格的な結合を残すとともに運動的要素を組み込もうとしたからにほかならない。しかも組合員の資本家的な行動を制約し、事業の運営や利用に徹するようにするために、配当制限と利用高割戻しを付加することによって組合形態をより制約的な形態へと限定している。個人が意識的に人格的なままで結合し、生活の改善のために協同して事業に取り組もうという組合型企業がまさに協同組合であり、消費協同組合として発展したのが生協である。組合形態における人格的要素を資本家としてではなく、利用者（生活者）の民主主義的な結合として組み替えたのが協同組合であるといってもよい。すなわち協同組合はその成立当初から株式資本型企業に対抗する運動的事業組織として意図されていたのである。そしてその形成意図からすれば協同組合は株式資本型企業に対抗して、運動的事業体として発展することが期待されていたのである(3)。

しかし、運動の側面でも高揚と停滞があるように、企業的側面でも期待通りに展開がなされるわけではない。なぜならば、組合型企業は遅れた企業形態として構造的な弱点をもっているからである。たとえば人格的な結合の良さが発揮される場合もあれば、それが人格的な支配やイデオロギー的支配に変質する場合もあるというように、組合型企業は人間次第という人格的結合のもつ恣意性と不安定性を克服できない。また、企業である以上、株式資本型企業との対抗的競争にさらされることになり、資金調達や管理運営において近代的・合理的な洗練が要求されるが、物象的なシステム化の徹底した株式資本型企業と比べて組合型企業は遅れをとらざるをえない。時として協同組合は資本主義企業への対抗のあまり自らを企業としては認識できず、企業としての切磋琢磨をないがしろにすることも生じるのである。

生協の運動的事業体としての特質は、以上のような運動的側面と企業的側面に現れているのである。このような分析から、生協の運動的事業体として存在が微妙なバランスのうえに成り立つものであることは明らかである。生協においてはつねにこうしたバランスが崩れるような危機が生じることになる。それが運動と事業の対立・分裂である。事業的側面を無視した運動志向も生じれば、運動的側面を欠如した事業志向も生じるのである。こうした事業と運動の対立を克服して時代の変化のなかで運動的事業体のバランスを新たに組み立てることができれば、資本主義的企業の半歩先、一歩先を行くことが可能となるが、バランスを崩し人格的支配や遅れた企業運営の弱点が現れれば、半歩どころか一歩も二歩も遅れることになる。

それでは、こうした運動的事業体のバランスをつねに清新に組み立て、遅れた側面を克服して半歩先を進むにはどうすべきであろうか。以下では論点の検討とともにケーススタディとして宮崎県民生協やちばコープを取り上げ、個別の論点ごとに改革事例を紹介していきたい。

Ⅱ　ニーズ志向と組織志向

1　組織志向

これまでの多くの生協は、単純化を恐れずにいえばニーズ志向ではなく組織志向の運動組織であった。

組織志向とは、生協を組織と考えて組織のもっている理念や目標・課題の達成をめざそうとする志向である。生協は組合員によってつくられた組合型企業という組織である以上、組織としての行動志向は当然ではないかという反論も予想される。ここでいう組織は階層制組織を意味しているが、今日の生協の実態は組織ではなく、組織と市場の中間のような存在であると考えるほうが適切であろう。個人のネットワーク組織といってもよいし同好的なコミュニティといってもよい。

生協の組織志向は強い理念や目標と結びついたものであった。強い理念は、あるべき人間像、生活像、社会像を掲げる形で生協運動の求心力となり、先進的な組合員や職員の組織イメージを体現するものとなった。階層制組織は民主主義的な場合でも、少数代表制民主主義を軸として上部下部、先進後進、指導被指導の関係を構成しがちで、組織が大きくなればなるほど、トップダウン的な傾向を増す。ここでは組合員のニーズは組織の末端で吸い上げられることはあっても、組織の階層のなかで共通の課題とならない場合には取り上げられないケースが増えると考えられる。逆に、代表によって組織決定された課題は組織全体に降ろされてその実行が組合員に迫られることになる。組合員のニーズに応えるというよりは、生協商品を上から押しつける（売りつける）ことが多くなるのは、組織志向の結果である。

市場の欠陥や未熟さが明瞭な段階で組合員のニーズが共通である場合には、その共通ニーズを集団的に取り上げ実現するためには組織は有効であった。共通ニーズを実現するために組織が大きな役割を果たしたといってもよい。しかし、今日の段階では共通ニーズは明確でなく、ニーズがさまざまに多様化・個別化しているなかでは階層制組織によるニーズの実現は困難となっているといわねばならない。

いまや組織志向はニーズの実現にとって桎梏となっているのではないか。

2 ニーズ志向

したがって発想の転換が必要となっている。それがニーズ志向の重要性である。生協の原点は本来、ニーズ志向であったはずである。運動というものはその時代に満たされないニーズ（要求）を実現しようとして取り組まれてきた。生協が市場や企業で満たされないニーズを実現するために生まれた運動的事業体であることは、すでに述べたとおりである。

市場・企業こそニーズ志向ではないかとの反論も予想される。たしかにその通りであるが、すでに述べたように市場・企業はニーズを充足させるのに構造的弱点を持っている。厳密にいえば利益の上がる範囲でニーズを部分的にしか充足しようとしないのが市場・企業である。商品の私的生産の側面が残るかぎり、真にニーズ志向に立ちえないのである。もちろん今日の企業は、IT革命による情報化により顧客の動向をとらえようとしたり、「顧客満足」を掲げて組織改革を行いニーズをとらえるのに必死である。利益のためではあるが、ニーズをとらえようとして自己否定を進めていく資本主義の断面がここには現れている。筆者はニーズ志向は本質的に運動的で改革的であると考える。生協こそが、真にニーズ志向を貫き資本主義企業にたいして先進的な役割を果たすべきであると主張したい。

今日の時点であらためてニーズ志向に立つことは生協の自己革新をともなう。共通ニーズの実現には組織志向でもよかったが、組合員の多様で個別なニーズを実現するためには、自らを階層制組織としてではなく、個人のネットワーク組織・コミュニティ組織として組み替えねばならない。そのイメージは組織と市場の中間的存在である。

今日のニーズは、個人の個別ニーズが中心となる。個別ニーズの意味するところは、商品消費ニーズの多様化ということだけではなく、自己実現ニーズやコミュニケーションニーズを含むという点である。商品（モノ、ハード）の消費ニーズだけでなく、それを取り巻く関係性（サービス、ソフト）を享受するニーズが一体となったのが現在のニーズである[4]。「わがままニーズ」という表現がぴったりしている。これまで大量生産を背景とした生産者優位の押しつけ的消費にたいして、やっと「わがまま」を言えるようになったという意味で「わがままニーズ」は進歩的な性格をもつと考えられる。「わがまま」は古い関係にからめ取られていた個人の発展過程のメッセージである。生協のなかでも運動志向の強いところは、「わがまま」や「悪いニーズ」を禁欲的に抑圧してきたが、結果的には古い共同体的発想での逆向的な動きでしかないことを示すものである。

この一見わがままな個別ニーズをどう実現するかが、現代の生協に課されたテーマである。そのためには運動論や組織論を大きく転換していかなければならない。また、情報やコミュニケーションの役割を重視していかなければならない。

ケーススタディ

宮崎県民生協の活動を貫く特徴的な価値観は、個の尊重である。それは「組合員を抽象的にみるのではなく、一人ひとりの組合員としてみていくことが必要です」という文章に表現されている。これまで多くの生協は多数を相手に運動を展開してきた。そこには多数を動かす動員型の運動論や多数を結集するピラミッド型の組織論が前提となっていたからである。商品開発も組合員の多数の要求（平均ニーズ）を統合する形で進められた。生協は元来、多数の集合の力を活動に生かしてきた組織であった。しかし、宮崎県民生協はそうした運動論、組織論、商品政策を転換し、組合員の一人ひとりの要望（声）を聴くことを出発点に個に着目してきたのである。個へのこだわりは「組合員の声は、一人ひとり、一つひとつ」という言葉に端的に示されている。コミュニケーションは本質的に個人が顔と名前をもって参加するプロセスである。そこにはマス（多数）は存在しない。そして「一人ひとりの組合員のよりよいくらしを実現」することが価値基準となっている。一人ひとりの組合員の要望や必要に応え、一人ひとりの満足感を供給することを価値観とした生協はこれまであったであろうか。これまでは「一人ひとり」は枕詞で目標は「みんな」であったのである。

宮崎県民生協のコミュニケーションにもとづく個の尊重や個の満足感追求はまさに「ワン・トゥー・ワン・マーケティング」や「顧客満足型マーケティング」の先取りであろう(5)。話題のＩＴ革命もハードの問題ではなく、情報ネットワークを通じて企業と消費者、消費者と消費者の多様なコミュニケーションが可能となる関係性の変化にポイントがある。企業にとってＩＴ革命が進展してもなおアクセスの難しい市場の消費者は、生協にとっては組合員という組織のメンバーとして容易に対話が可能であるはずである。そうした組織の特質を生かすことができなかったのは、生協が多数動員型の運動論や企業と同様の平均ニーズ志向の大量消費型事業論にとらわれていたからにほかならない。宮崎県民生協はそうした通念を打破し、生協組織の特質を新しいスタイルで発揮させたのである。宮崎県民生協の『宮崎版カタログ』をはじめ多くのチラシには一つひとつの商品ごとに一人ひとりの組合員の名前入りで声が紹介されているが、個人が大切にされている感じと商品の印象的なアピールとがかみあって、手法としてもなかなかすぐれたやり方だと感心させられる。インターネット書店であるアマゾン・ドット・コムが顧客の書評を公開し、顧客同士の対話を生み出すことで魅力ある本の販売を進めているのと同じである。

Ⅲ　商品事業のあり方

すでに述べたように、生協の原点は市場・企業では満たされない生活（消費）ニーズを充足すべく自分たちの事業として取り組むことにある。生活（消費）ニーズは多様であるが、その基本は食を中心とした商品にたいするニーズである。もちろん、今日のニーズが商品（モノ）だけでなく広範なサービス（ソフト）に向かっていることはいうまでもないが、生協の本業は商品事業にあることを確認しておかねばならない。これまで、組合員のニーズが多様であるからという理由で、生活総合事業化と称して生協の事業を多角化してきたが、商品事業が十分でないところでの多角化は力の分散となり、いずれも結果的には破綻しているといわざるをえない。

最近では福祉の事業化が多くの生協で取り組まれているが、本当に事業として成り立つかどうかは疑問である。懸念されるべきは、商品事業の停滞から福祉事業に活路を見出そうとするような傾向である。福祉事業が協同組合のもっている相互扶助的な側面を発揮するような印象をもっていることから生じる、福祉事業への過剰な期待がそこにはあるといわねばならない。やはり事業として成り立つかどうかが判断のメルクマールであろう。福祉への取り組み方には事業という形態で商品事業を圧迫しないですむ方法がありうるし、生協らしさを発揮することは工夫次第で可能である。

筆者はかねがね、生協は本当に商品事業を大切にしてきたか、生協らしく商品事業を深化してきたか、という疑問を抱いてきた。仮説的ではあるが、生協は商品事業やその根底にある組合員のニーズをないがしろにしてきたのではないかと筆者は考えている。「安全・安心の商品」を開発した時点では、組合員のニーズを見事にとらえて運動発展の契機となったが、その後の展開はニーズを深めて商品事業を発展させたとはいいがたいと考える。運動志向の強い生協では、商品は運動拡張のネタでしかなく、時としてニーズは都合の良い部分だけ切り取られて利用されたにすぎない。運動志向の生協では、理念が化石化するとともに禁欲的な基調のなかで、ニーズは良いニーズと悪いニーズに選別されがちである。そこでは基本的にニーズは重視されていないと思われる。事業志向の強い生協では、商品は重視されるが、商品部の職員による勝手な商品づくりが横行する場合があり、「安全・安心の商品」の根底を支えていた組合員参加による信頼感が失われる事例も垣間見られる。ここでも実は組合員のニーズは正しくとらえられていない。事業志向の生協は、企業化を推進するあまり、市場や企業で満たされない組合員のニーズを充足することを忘れがちになる。企業と同じレベルでの競争では企業に勝ることはできないのである。

商品事業のポイントは、結局、組合員のニーズをどのように深くとらえられるかに帰着することになる。しかも、どう運動的にニーズをとらえ事業に取り組むかが重要となるのである。

ケーススタディ

宮崎県民生協は、従来の商品政策について転換を図ってきている。その基本は運動論の転換とも密接に関連するが、生協商品を社会のなかの特別な存在として固定的にとらえないという点である。それが「〝生協らしく〟つくった商品はあるが、〝生協らしい〟商品はない」という表現に表されている。そこには生協が世の中の対抗勢力として力を発揮した時代につくりえた生協商品の優位性はすでにないという認識が根底にある。「安全・安心の生協商品」は今日でも生協加入の重要な動機となっているが、その面で生協商品が十分に差別化されているわけではない。商品それ自体に差異がなくなりつつあるのが現状である。「安全・安心の商品づくり」を目標に掲げる生協はいまでも多いが、そうした目標や理念をめざすことで生協商品がすでに「安全・安心」であり良い商品であるかの錯覚をもたらすこともある。そして「良い商品のはずだから売れるはず」「良い商品だから買うべきだ」というように、理念を背景に生協商品を普及すべきであるという強烈な建て前論議が横行することになる。

宮崎県民生協はそうした商品認識を転換したのである。生協商品を「生協の責任で販売する（供給する）商品であり、生協の責任でつくりかえつづけられるもの」と規定している。商品の基準も「よりおいしく、より安全に、よりやすく、より環境に配慮して、より使い勝手がよく、より健康に役立つように」という六つの切り口で、「安全・安心」だけにとどまらないトータルな商品イメージを提示している。この商品基準のポイントは「よりおいしく」というように、商品は固定的ではなく、つねに改善を必要とすることを明らかにしている点である（「おいしい」ではなく「おいしく」と行動的に表現）。「商品を六つの切り口にそって、よりよいものにつくりかえ、捜しつづけます。商品は固定的、普遍的なものではありません。時代の変化、ニーズの変化、生協の力量の変化とともに、くらしの視点から見直し、改善し続けられるものです」という文章にあるように、生協商品を可変的にとらえ「つくりかえつづける」というプロセス重視型に転換したといえる。

「生協らしく商品をつくる」という点で重要なことは、組合員の要望にもとづいて組合員の立場から商品を開発・改善・企画するということである。多くの生協がそうであるように、宮崎県民生協でも以前は商品部はプロ意識（先進意識）に燃え、主観的には生協理念を体現した生協商品を開発していた。しかし、実態はメーカーとの深い接触の末、結果的にはメーカー主導の商品が開発されていたのである。宮崎県民生協ではこうした職員中心の商品づくりをやめ組合員が必要とするものを組合員の「声」によって企画するというように転換したのである。それまでは、メーカーの情報でメーカー寄りに商品開発していた商品部が、「よくするカード&よかったよカード」をはじめとする膨大な数の組合員の声にそって商品づくりをはじめたのである。組合員の個別ニーズを実現する重要な仕組みの一つが『宮崎版カタログ』である。組合員が商品要望を出すと、それは可能なかぎりすべて商品企画として実現する。カタログの一つひとつの商品の囲みには組合員の要望や思いが書かれており、それを読んだ他の組合員も共感や興味をもって購入するという。個別ニーズだからといって一つしか売れないのではない。個別ニーズだから共感を呼ぶのである。そこからヒット商品が生まれるという。『宮崎版カタログ』は組合員の自己実現と相互承認の場となっているのである。

そして商品の供給高を「満足度のバロメーター」とみるのである。ここには商品をモノ（ハード）としてみるのではなく、満足感（ソフト）としてみる発想への転換がある。モノ（ハード）の上に満足感（ソフト）が乗ったものと表現してもよい。ポイントは満足感をどう提供できるかという点にある。宮崎県民生協の場合は、この満足感は組合員の声への応答（コミュニケーション）から生まれてくる。その商品が組合員の要求を満足させるものであるという点だけでなく、そうした商品が「自分の声が生かされる」ことによって供給されるという点での満足感である。ハードとコミュニケーションとの結合といってもよい。宮崎県民生協では商品がコミュニケーションと一体となって提供されているのである。

Ⅳ　新たな運動論

1　動員型の運動論

これまでの運動論は、組織志向という規定で述べたように、組合員を集団としてとらえ組織として動かそうとする発想から成り立つ、階層制組織型の運動論であるといってよい。そこでは組織の求心力は共通の目的にあるとされ、理念の追求や目標・課題の達成が組織の生命線となった。組織員のアイデンティティは組織の決定した課題を達成することにあるとされるのである。こうした運動論は必然的に目標達成型となり、先進的なリーダー層による末端組織員の指導が常態となる。先進・後進、指導・被指導、トップ・ボトムが明確な運動となる。民主主義的な手続きが組み込まれているので、組織の柔軟性を回復することも可能であるが、時として少数代表制によって組織の主導権が固定化されることも生じるのである。こうした運動論は、共通ニーズを背景にして共通課題が明確な時代のものであり、二〇世紀の大量生産・大量消費的な社会経済段階の運動論であるといわねばならない。まさに「動員の世紀」の方法論であるという意味で、動員型の運動論であるといってよい(6)。

こうした動員型の運動論が有効性を失い、破綻をきたしているのが現在の段階である。ここから新たな運動論が模索されるのである。新たな運動論は明確な定義はなお可能ではないが、そのイメージを語れば次のようになる。

ニーズ志向という規定ですでに述べたように、新たな運動論では集団的な階層制組織ではなく、個人の緩やかなつながりというような組織でもなければ市場でもない、中間的な存在のいわゆるネットワーク組織が前提とされる。ここでは集団は存在せず、どこまでも個人の集合があるにすぎない。したがってこれを従来の組織と同じように動かすことはできない。共通の理念や目標・課題を固定的に設定するのは困難であり、あくまでも個人を主体としたニーズの実現やその共感や想いを理念的に表現することができるのみである（これを理念や目標と呼ぶのはいっこうに構わない）。時として共通の課題が生まれることもあるが、それは固定的ではなく一時的であり、そうした共通課題の達成も個人を主体とするニーズ実現や共感を構成する一部でしかない。個人のニーズを実現することに重点があるという意味で個別ニーズ志向の運動論といいたいのであるが、個人のニーズを実現することがはたして運動なのかという反論も予想される。

すでに述べたように、個人の多様なニーズを実現するには市場や企業だけに依存することはできず、自覚的な個人が集まって運動を起こさざるをえないのである。そうした運動が従来のイメージの運動とは異なった様相を呈するものであることはいうまでもない。集会や団体行動を行ったり、決定した課題を集団的に実行したりするようなことは、そこではほとんど存在しない。

2　個別ニーズ志向の運動論

個別ニーズといっても孤立したばらばらな状態を意味するわけではないことにも留意しておきたい。

生協の場合、市場や企業に飽き足りない意識的な組合員が集まった組織であり、参加者の了解のなかで個別ニーズを取り上げることが重要な運動となる。個別ニーズに光を当てることで個人のエネルギーを引き出し、個人を活性化させる。また個別ニーズの実現は参加者のなかにさまざまな共感を呼び、一人ひとりを大切にする運動体へ信頼感を強める。個別ニーズの充足という表現では不十分かもしれない。個別ニーズを取り上げて、それを組合員のなかに「横に広げる」ことが重要である。一人ひとりの違いを認めたうえで、あらためて共通性や新しい感性を発見したり、それぞれが生き生きとすることを自分のことのように喜んだりする感覚である。共通ニーズだけ追求していても集団はつくれるが、個人は発見できない。同じだから理解したというのではなく、違いがわかることで理解し合うという感覚こそが重要ではないか。それは「共感」であり「関係創造」である。個別ニーズを追求することが実は、関係性を生み出すことになるし、そのように運動することが企業よりも半歩先を歩むことのできる生協に課せられた戦略である。これまでの個人を顧みることのなかった集団主義的な傾向の強い日本社会においては、個別ニーズを取り上げ個人を生き生きさせること自体が社会へのインパクトをもつのである。

そのような運動論の特徴をもう少し詳しく見てみよう。個別ニーズ志向の運動は、階層制組織型の運動論のような大目標の決定と達成ではなく、達成されることのない個別ニーズを充足し続けるという意味でプロセス重視の運動である。個別ニーズはしかも自己実現ニーズやコミュニケーションニーズを含んでいることから、組織化はされたくないが自己を承認される関係をつくりたいという意味で、関係性重視の運動でもある。また、組織的な指示・命令を忌避し組織的な束縛を嫌う反面、情報のやり取りによるつながりを選好するという意味で情報・コミュニケーション重視の運動である。こうした運動が従来のような先進層主導型のトップダウン的なものでないことはいうまでもない。運動のイニシアチブは、個人からの関係創造的な情報のネットワークから生じ、個人のエネルギーの相乗効果によって発展していくことになる。ネットワークは階層制組織のように安定的ではないのが弱点である。個人のつながりにしかすぎない以上、刻々と変化する関係性やコミュニケーションを媒介し促進するコーディネート能力が必要となる。ネットワークの多くの結び目に判断力をもったコーデイネーターが無数に存在しなければならない。階層制組織の場合は指導（指示）機能が不可欠であったが、ネットワーク組織の場合はコーディネート機能が不可欠となる。階層制組織のリーダーはトップ集団が恒常的・固定的に担うが、ネットワーク組織のリーダーはその時どきのテーマによってコーディネーターが交代で担うことになる。ネットワーク組織が存続するには、つねに元気な個人やコーディネーターからの情報発信が組織の随所から湧き起こり、ネットワーク全体を刺激するような状態がなければならない(7)。

ケーススタディ

ちばコープも宮崎県民生協と同様に徹底したコミュニケーションによって新しい生協づくりに取り組んできた生協である。職員資料に「宮崎県民生協があったからこそ、自分たちのイメージ・取り組みができた」とあるが、ちばコープの発展は宮崎県民生協に触発されたものであるということがいえる。一九九〇年度に合併によって誕生したちばコープであるが、当初は組織条件もバラバラで前途多難であったという。一九九三年度には改革に着手し、宮崎県民生協での組織的な研修を行うなかで新しい生協の方向性を探ることとなった。一九九四年度からは、宮崎県民生協の経験にもとづき聴く活動を業務の柱に設定し、「血液が身体全体を循環するように、声がかけめぐる組織をつくる」ことが追求された。改革の目的は、①組合員の声を聴き続ける仕組みづくり、②組合員の声に応え続ける仕事スタイルづくり、③組合員の声を実現する組織体質づくり、④思いを事業化できる生協づくり、であった。現在では双方向コミュニケーションという点では宮崎県民生協と同じように発展しつつも、ちばコープ独自の試みに挑戦している点に大きな特徴がある。

ちばコープも宮崎県民生協も一人ひとりの組合員の声を聴き、それに応えるというスタイルをとっており、さきに見た個別ニーズ実現と双方向コミュニケーションという新しい生協に不可欠な方法論を貫いている。とくにちばコープは、「一人ひとりの声全てに応えきれるちばコープを創りま す」という表現で、個別ニーズの実現を鮮明に提起している。個別ニーズについては「くらし創り事業の基本」のなかで「一人ひとり、一つひとつの願いをもとに、『私たちのくらしは私たちで創る』気持ちを大切にします」と規定している。またこの個別ニーズは商品の消費ニーズだけにとどまらず関係性のニーズにまで広がることを、『『もの（商品、システム）』と『こと（心、思い、共感）』の循環で、くらしの喜び・楽しみを大切にします」という表現で示している。

ちばコープ理事長の高橋春雄の次の文章に、ちばコープのとらえる個別ニーズの意味が端的に表されているので紹介しておこう。

「生協もふくめていかに一つひとつ、一人ひとりを大切にする組織文化を形成していたであろうか。一人ひとりの願いや、人びとのあいだの親しい関係をつくることをないがしろにしてきた社会や組織、家族がどのような道を歩むことになるのか。同様に、組合員のニーズに応えることを掲げた生協が、それを受けとめる感性や意志、日常的な仕組みを欠いた場合、いかなる道をたどることになるのか。世に経営危機といわれる事態からの活路も、〝願いを実現するのが生協〟という生協の目的に素直になることによってのみ切り拓かれるのではないだろうか。(8)」

そして高橋は、「素直に願いを実現するためには『聴く』『コミュニケーション』ということぬきにはありえない」としている。

ここでは、さらに宮崎県民生協と違う側面をもったちばコープの活動内容について見てみたい。宮崎県民生協が商品事業に即した双方向コミュニケーションに徹しているのに対し、ちばコープは商品事業以外のヒューマンネットワーク事業や地域づくりに取り組もうとしているのが特徴である。その点は職員資料のなかで次のように主旨の説明がされている。

「商品・利用事業以外にも、組合員の生協への期待や願いがたくさんあります。『人は誰しも、みんなに役立ちたい、ありがとう、すごいねって言われたい』(基本的考え方：人間尊重のマネジメント)、『私も楽しみたい』、この思いを人と人のつながりで事業化(場づくり・関係づくり・情報がゆきかう組織づくり、継続性としての剰余)していきます。地域の中での新しいコミュニティ創造に挑戦し、地域おこしをしていき、一回り大きくて、地域に生かされるちばコープを創ります。」

この説明にあるように、ちばコープの場合は、個別ニーズのなかの関係性ニーズ（自己実現や関係創造への要求）の実現により力点を置いているように感じられる。もちろん、それは商品を中心とした一人ひとりのニーズが実現されたうえでの話である。

ヒューマンネットワーク事業には、主に子育て応援事業、女性の自立応援事業、おたがいさま事業、自然体験事業の四つがあるが、とくにおたがいさま事業にちばコープの考え方が明瞭に現れている。おたがいさま事業は、育児・家事・介護などのくらしの問題を、組合員同士のボランティアによって支え合うユニークな事業である。「組合員同士お互い気軽に助け合えるようなシステムを生協で作れないでしょうか」という組合員のひとことカードをきっかけに誕生したという。「家具の移動を手伝ってほしい」「犬の散歩をお願いしたい」「話し相手になってほしい」などのちょっと手助けが欲しい人を応援するサービス事業である。手助けをする人をあらかじめ応援者として登録し、ヒューマンネットワーク事業部のコーディネーターによって手助けを求める利用者との間を仲介する仕組みとなっている。有料ではあるが、無料では心苦しいからという程度の低額料金であり、実際は組合員同士のボランティア活動であるといってよい。「ありがとう」「おたがいさま」と言える関係をつくることをめざすことから、「おたがいさま事業」と呼ばれることになった。

ちばコープはこのような組合員同士の関係づくりに積極的に取り組んでいるのが特徴である。このほかにも、組合員の自主的な活動を応援しており、わずかではあるが一定の活動費を支給する形で現在二五七〇グループがさまざまな自主活動を行っている。これらは総称して「ふれあいネットワーク」と呼ばれている。活発な「ふれあいネットワーク」の活動は、「おたがいさま事業」を支えることにもなる。

こうした組合員活動の支援はほかの生協でも行われているようにも見えるが、他との決定的な違いは、生協の事業や組織に囲い込んでいないという点である。他の生協は組合員の活動を階層制的な組織のなかに取り込み、組織を強化しようとする傾向があるが、ちばコープは、双方向コミュニケーションのなかで元気になった組合員が自由に動いているという印象である。最近では、生協の組織のなかの地区委員会も組合員のおしゃべりの場として「くらし楽しみ隊」など自由な名称のグループに変身している。ここには上から組織して活動を促進するという組織志向の発想はまったくないといってよい。組合員同士の関係性ニーズをアイデアに満ちた仕掛けで大いに発揮させるということであろう。事業という名はつけられているが、投入されている資金はわずかであり、他の生協の福祉事業のように商品事業を圧迫するような事業上の負担があるわけではない。

筆者の印象では、ちばコープという生協を母体に組合員が無数のNPOをつくっているようにも見える。生協としては商品を中心に組合員を結集し続けることになるが、組合員は生協の場を利用して自分たちの自己実現ニーズやコミュニケーションニーズを実現するために自分たちのグループやコミュニティを自由につくっているのである。そうしたネットワーク型の組織を生み出す根底には、双方向コミュニケーションが生き生きと機能していることは言うまでもない。どこからが生協でどこからが生協でないのか定かでない状態がちばコープに生まれているのではないか。それをあえて、すべてを生協の組織構造や活動体系に囲い込もうとしない点に、ちばコープの見識とセンスのよさを感じずにはおれない。

宮崎県民生協との違いがこの点にあると述べたが、まだまだ保守的で地域にコミュニティ（共同体）が自生している宮崎では、ちばコープほどに組合員の関係性ニーズは明示的でないようにも思われる。筆者は本質的には、宮崎県民生協もちばコープも本論で述べたような新しい生協のあり方を提起している点では、同じ考え方と方法論に立っていると考える。関係性ニーズの実現の仕方に差があるのは地域の状況を反映しているからであろう。日本社会が大きく変わりつつある今日、新たなコミュニティをどう形成するかという点で、ちばコープの挑戦は生協論の範囲を越えて非常に興味深いものであるといってよい。

V　新たな組織論

1　階層制的な組織論

組織論についてもすでに半ば述べた形となったが、生協の組織に即してさらに具体的に論じてみよう。運動論では、生協を組織と市場の中間的な個人のネットワーク組織として見る重要性を検討したが、実際の生協は厳然とした事業組織であり大きな階層制的な組織として存在している。リアルに見れば、階層制的な代表民主主義や事業構造を残しつつ、個別ニーズを実現するための日常的な双方向コミュニケーションを組み込んだ組織論が必要となっている。またそのためには、組合員組織と経営組織の関係の見直しが必要となっている。

これまでは、組合員組織において下から順次代表を選出していく形で階層制的な組織構造を形成し、総代会で選出された理事会を頂点にピラミッド型の組織を構築していた。理事会は経営責任を負い、職員を雇用し組織の決定を職員組織を使って実現するという構造であった。

生協が組合型企業である以上、組合員から選出された代表が経営を行うという仕組みは当然といえば当然のことである。ただ、ヨーロッパの場合は、事業経営は完全に理事会の任命した経営者とそのもとにある職員組織に委譲されているが、日本の場合は、組合員の代表である理事会が職員組織を使って経営を行う構造となっている点に特徴がある。日本では組合員が主人公であるとして、出資・利用・運営に三位一体的にすべてにかかわるものとされてきた。したがって、理事会は職員組織を事業に当たらせると同時に、組合員組織にも経営課題を降ろして事業運営への参加を促すことになる。また日本独特の班組織は、運動の単位であると同時に、班員が共同で注文書を作成し配達される商品を自分たちで仕分けるというように事業単位にもなってきた。組合員組織と職員組織が一体となって事業と運動を進めてきたのである。

ここにはいくつかの問題点が指摘できる。一つは、すでに述べたように階層制的な組織構造では少数代表が今日のような組合員の多様なニーズを実現し意思を集約することが困難になっているということである。そして、そのような少数代表制民主主義が機能麻痺するなかで、理事会の決定を組合員組織に上から降ろし、組合員に目標や課題の実行を迫ることは押しつけや強制に転化してきているということである。動員型方式の破綻であるといってよい。

二つ目には、そうした問題構造とパラレルに、組合員の代表としての理事会の役割が低下し、職員理事が事実上の経営権を握ることで職員主導の経営執行機関となっているということである。多くの組合員理事は、わけもわからず経営責任を負わされているといってよい。そうした職員組織の主導的運営は、職員も組合員の一員であり、組合員の専従（先進部分）であるという考え方によって合理化もされてきた。また企業化が強力に展開された生協では、職員理事による「経営者支配」が運営強化の一貫として肯定的に進められている。

2　コミュニケーション的な組織

このような問題を解決するには、階層制的な少数代表民主主義に依存する構造を減らし、日常的なコミュニケーションを民主主義的な参加として組み込んで事業運営を進めることと、理事会の役割を組合員の声を反映する立法府的なものに再生することの二点が必要であると考えられる。

第一の日常的な双方向コミュニケーションによる事業運営は、さきに述べた個別の商品ニーズや自己実現ニーズを充足するうえでは、階層制的な要求集約よりも有効であり、民主主義的でもある。なぜならば、個別ニーズの実現は組合員総体の要求であり、その実現の意思決定は組合員総体の共感と承認のもとで行われるからである。組合員にとっては声（Voice）を発したり、組合員同士でおしゃべりしたり、商品を利用することが主要な参加となる。そうした組合員の個別ニーズや関係性ニーズを実現し、コミュニケーション的な参加を保障するような職員組織が必要となる。これまでは、組合員組織の階層制的な意思決定を待って、理事会から降りる指示に従い、組合の先進として組合員に協力したり指導することが職員組織の役割であった。しかし、日常的なコミュニケーションをコーディネートし、それを頼りに日々さまざまな持ち場で意思決定をし、事業を行うということが求められるようになった。一見したところ、企業が市場の顧客の動向を見ながら経営するスタイルとよく似ている。違いがあるとすれば、企業と顧客との間および顧客と顧客との間に双方向のコミュニケーションが存在し、時としては顧客の代表が企業の経営を判断しチェックするということであるかもしれない。職員組織には、企業以上に顧客を大切にし「顧客満足」を追求する権限と責任が期待されるといわねばならない。

こうした組織に転換するためには、多くの生協で職員組織の改革や意識の革新が必要となる。組合員と接する現場こそが、組合員とコミュニケーションし、そのニーズをとらえ、意思決定する中心的な「場」となる。そうした「場」を運営する主体的な意識（責任）と権限が職員には求められる。組織の意思決定方式としてはトップダウン型からボトムアップ型への転換といってよい。そのためには職員組織自体が現場に判断権限のあるネットワーク組織へと変化していかねばならない。

組織論の第二のポイントは、日常のコミュニケーションを前提にした理事会の役割（責任と権限）の見直しである。真に組合員の声を反映するような立法府的な組織に再生していくという方向は、従来のような組合員運営の原点に戻るということではない。これまでと違う点は、理事会が組合員組織にたいしてもっていた行政組織・指導組織という側面をなくすという点である。初期の段階では、組合員自らが事業運営に全面的にかかわっていたことから、つねに理事会は組合員組織に運営上の課題を降ろし、組合員を動員する役割を果たした。しかし、すでに組合員組織は決定を遂行することを主眼とした組織ではなくなっている。さきに述べたように、組合員の個別ニーズは決定によって遂行されるものではなく、日々のコミュニケーション的対応のなかで解決されるべきものである。理事会が組合員組織にたいして行政的・指導的に機能することは、逆に組合員の参加エネルギーを削ぐことになる。重要なことは、理事会が組合員の声を大いに反映する組織に徹するということである。そのことはまた、理事会と組合員の間に立つ中間組織（運営委員会、地区委員会など）を課題遂行の管理組織から組合員の声を交流し増幅する豊かなコミュニケーションと自発的活動の場に転換することでもある。

その結果、理事会に組合員のさまざまな声が生き生きと反映されることで、理事会の論議・運営内容も変化していくことになる。職員理事の提起する経営課題遂行の論議から、組合員の声をどう実現するかが論議の中心テーマになっていく。組合員理事は経営の専門家ではなく素人である。組合員の声が聴き取れない段階では、組合員理事は経営の専門家たる職員理事の言いなりにならざるをえない。組合員の普段の生活の声が反映されるようになると、組合員理事も普通の組合員の生活感覚や常識やセンスにもとづいて判断できるようになる。また、結果として職員理事も組合員の声を経営戦略や経営課題の立脚点にすることができる。普通の感覚で「わからない」ことや「おかしい」ことは、やはり実際にわからなかったり、おかしかったりするのである。また組合員の声のなかには必ず問題解決の糸口やヒントが隠されていたりする。そうした組合員の声に依拠した判断によって組合員理事は、異なった立場からではあるが、職員理事と対等に経営課題を論じることができるのである。

このことに関して、理事会内部で職員理事と組合員理事とが異なった機能を果たす存在であることをリアルに見ることが必要である。職員理事は事業執行機能により重点を置き、組合員理事は事業企画機能や経営チェック機能により重点を置いた関係にあるといってよい。理事会のなかで緊張感をもちながら経営機能を内部牽制的に分担する関係である。企業においてもコーポレートガバナンスの観点から、いまや取締役会を経営判断・チェック機関に限定し、経営は別組織の経営執行機関に委ねるという方式がグローバル・スタンダードになりつつある。取締役会は株主の代表として経営をコントロールする役割をもち、経営執行機関は日常的な経営に責任をもつのである。経営責任を内部牽制的に分担する関係といってよい。

生協においてもこうした機能分担構造が、コーポレートガバナンスの点だけでなく組合員の参加エネルギーを引き出すうえでも重要となる。もちろん、企業のように組織上だけの機能分担に頼るのは生協にはふさわしくないであろう。職員理事と組合員理事の関係がバランスよく保たれて、経営が的確に行われるためには、双方向コミュニケーション的な経営スタイルが貫かれ、組合員の声が理事会に反映されることが重要なのである。経営の専門性と組合員の声が組合員理事を通して結合することこそ、生協の力の根源となり新しい価値創造の起点となるのである。

ケーススタディ

宮崎県民生協においては組合員組織のトップダウンからボトムアップへの転換もなされている。組合員組織において、理事会→運営委員会→組合員へと上から目標や課題を降ろし実行を迫ることをやめ、組合員→運営委員会→理事会へと要望や意見を上げるだけの組織としたのである。すなわち組合員組織の「行政」的組織から「立法」的組織への転換である。それは「組合員が生協に要望（声）を出すのは組合員の権利行使です」という言葉に端的に表現されている。このことは何を意味するのであろうか。

筆者は、これを生協組織論の転換ととらえたい。日本の生協においては組合員は出資・利用・運営のすべてにかかわるものとされ、組合員組織は職員組織と一体となり事業運営に携わってきた。ヨーロッパの場合は、事業運営は完全に理事会の任命した経営者とそのもとにある職員組織に委譲されているが、日本の場合は、組合員の代表である理事会が組合員組織にも経営課題を降ろしつつ、職員組織を使って経営を行う構造となっている。

宮崎県民生協はこうした組合員組織の事業運営機能のうちの事業執行機能を軽減し、組合員組織は事業運営機能のうちの合意形成機能や企画立案機能を担う形とした。実際的に機能（役割）分担にもとづき、組合員組織を事業運営の圧迫から解放したのである。その結果、組合員の声は組織の隅々に行き渡り、理事会にも組合員の普段の生活が生き生きと反映するようになった。

多くの生協では組合員組織はさきに見た動員型の運動論の形式をとりながら、事実上、職員組織主導のもとに階層組織的な事業組織の側面を強めていると考えられる。そこでは事業活動の停滞の原因は、理事や職員組織の目からは、組合員組織の活動の不活発さや参加の低迷、組合員の顧客化ととらえられることになる。また組合員の目からは、事業運営の圧迫は経営者支配として映ることになる。それは組合員組織が事業執行機能を過大にもつことからくる事業責任のもたれあい、なすりつけあいの現象である。

宮崎県民生協は、こうした従来の生協の陥りがちな組織論の弱点を、理事会を立法府的組織に転換することによって克服した。すなわち、組合員組織は職員組織にたいして商品事業への要望（声）を出す要求形成機能（情報発信・創造機能）を担い、職員組織は要望にもとづいて必要な商品を供給する商品事業機能（情報受信・変換機能）を担うというようにである。その結果、それぞれの組織の責任が明確になると同時に、良い意味での緊張関係とパートナーシップ関係が生まれたのである。

さらに職員組織の面でも、近代的事業組織では常識であるトップダウン型のマネジメントが宮崎県民生協ではボトムアップ型へと転換されている。トップから目標や数値を下に降ろして職員を追求するという方法をやめ、目標管理や追求を現場にまかせているのである。商品を無理に売り込むのではなく、組合員の要望（声）に応えて売れるようにすることが職員組織の活動となっている。供給高は組合員の「満足度のバロメーター」であるとして、「商品のどこに満足し、どこに満足していないかをつねに聴き続ける」ことが仕事の基本とされている。商品というモノ（ハード）ではなく、満足感（ソフト）を提供しようとしているのである。「組合員の生のくらしに思いをはせ」て組合員のくらしに役立つように組合員とのコミュニケーションを進める活動は、本質的に上から課題として降ろしたり数字で追求したりする性格のものではない。現場に活動の主要な舞台があるのである。

宮崎県民生協では、判断権限を現場に与えるまでに至っている。「組合員さんからのクレーム、要望に、スピーディに、かみあった対応ができるように、商品の交換、値引き、返品等の判断をいつでもどこでも全ての職員ができます。商品本部等の後方部門はこの判断（対応）をバックアップしていきます」という文章からは、判断権限のシフトとともにトップとボトムではなく、現場（前線）と後方というマネジメント構造にたいする新しい認識も読み取ることができる。

現場を励まし、判断力を育てるためにトップ（後方）から「団らんにゅーす」という名称の事例研究資料が毎週、職員に回覧されていることも特筆すべきである。一般の企業であれば、数値目標や課題についての方針書が毎週出されるところであるが、そうしたものは一切なく、「にゅーす」では前週の組合員の声や成功・失敗の事例、経験が紹介されるのである。また、さらに支所や店舗ごとに事例研究が進められており、一人ひとり判断力をもった職員を育てようとしている。判断権限を現場に与えるためには判断力をもった職員が必要となるが、そうした判断力を育てる工夫が日常の業務プロセスに組み込まれているのである。そのためには、「自分の失敗（成功）を他人のことのように研究する、他人の失敗（成功）を自分のことのように学ぶ」という確認がされている。

判断力をつけるためには失敗から学ぶという観点が重要となるからである。

たとえば、ある支所で組合員から「しじみを頼んだが、腐りかけていた」という苦情が寄せられたことをきっかけに、それを素材として事例研究を行うというような形である。それを紹介した「団らんにゅーす」によると、その支所の事例研究では、組合員がしじみを注文した時の気持ち、届いた時の気持ち、しじみが臭くて食べられなかった時の気持ち、それを担当職員に伝える時の気持ちという段階を追って具体的に組合員がどんな想いをもったのかを論じている。事例研究のなかでは、しじみが腐りかけていたこと一つで家族の楽しみを奪い、生協にたいする信頼を裏切ってしまったのではないかという意見が出され、組合員の声の裏にひそむ気持ちや想いにどのように応えたらよいかという論議が熱心に展開されている。論議に参加した職員の感想は次のようである。

「今まで、ただただ事務的処理だけを求めて仕事していたような気がします。担当者としての自分の仕事は、生協の代表としての仕事であり、責任の深さを痛感しました。」「一つの事例にたいして、それぞれの意見や考え方など率直に話し合うことができて面白かった。——組合員への対応でこれが正解というのはないだろうが、組合員が『その時どう思ったか、何を望んでいるのか』を的確につかみ、それを共有・共感することが大事なんだなとあらためて思った。」

ここでの事例研究のポイントは、事務的処理ではなく組合員の気持ち（ニーズ）をどう深くつかんでそれに応えるかという点である。問題への対応には個人差はあっても、判断力を発揮するには、まず相手の要求を正確にしかも共感をもって受け止めることが重要であると宮崎県民生協は考えている。とかくマニュアルの詳細化という実務対応になりがちな事例研究を、このように判断力養成の場として重視しているのである。実際に、宮崎県民生協ではマニュアルを極力なくしていくことを目標にしている。画一的なマニュアルではなく、一人ひとりの職員の個性ある判断力に依拠しようとしているのである。そして現場では苦情やクレームへ対処する場合の判断（行動）基準だけが次のように簡単に提起されている。

「職員が判断する時は『組合員さんがもう一度（この商品を）生協で買おうと思うかどうか』『周りの組合員さんが「ちゃんと対応してあげたね」と喜ぶか』で考えたらいいと思います。」

このようにシンプルな判断（行動）基準で、トップやミドルの指示を待つことなく現場が判断していくことを宮崎県民生協はめざしているのである。

この判断（行動）基準は、組合員本人の満足感を得るだけでなく、他の組合員の共感を得られるようにすることを明らかにしている点で、非常にすぐれた価値基準となっている。さきに個の尊重が宮崎県民生協の重要なマネジメントの観点であることを強調したが、そこでの個がばらばらの原子化した個ではなく、共感・共有しうる個を想定していることを指摘しておきたい。それは個を尊重した協同関係の育成ということになろう。このように宮崎県民生協には、ある種のマネジメント哲学が貫かれているといってもよい。従来の生協とは違う経営理念（価値観）が職員の一人ひとりにたいして提起されているのである。こうした経営理念は現場に判断権限を与えるボトムアップ型のマネジメントを考えるうえで重要な要素であるといえる。

Ⅵ　コミュニケーションとエンパワーメント

新たな生協への転換は、人間や組織にたいする発想の転換を含めて「双方向コミュニケーションにもとづく事業活動」なしには実現しない。ケーススタディで取り上げた宮崎県民生協やちばコープはその苦闘の最中にあるが、その焦点はコミュニケーションである。それではコミュニケーションはなぜ有効なのだろうか、コミュニケーションにどのような変革の契機があるのだろうか。

筆者は、支配関係や管理関係は情報（知識）の独占や偏在によって生じると考える。情報（知識）をもつものが情報（知識）をもたないものを支配・管理するのである。社会の歴史的進歩の一つのメルクマールは、国民の情報（知識）水準が上がり支配・管理層のそれとの格差を縮小していくことにある。今日の社会では、一般市民の情報（知識）水準はピラミッド型の支配・管理関係を転換するに足る水準に達しているといえる。そこでは、「情報公開」（ディスクロージャー）が支配・管理層の一方的判断や誤った行為を覆す重要な方法となる。一般市民の情報入手と情報交流（コミュニケーション）によって、情報の独占・偏在を解消し、フラットで民主主義的な社会関係を形成する展望を切り開くことが可能となっているのである。ハーバーマスはそれを「生活世界」と「市民的公共性」の再建のためのコミュニケーション的行為と呼んでいる。[9] コミュニケーションによってはじめて人間的な相互了解と民主主義的な関係形成が可能となるのである。生協がめざす「協同」はコミュニケーションのなかから生成してくるといってもよい。

さらにコミュニケーションは、そのような関係性を変革する過程となると同時に、価値創造の過程ともなりうる。コミュニケーションを単なる情報伝達過程と考えるべきではない。本来のコミュニケーションは関係形成をともないながら個人の生き生きとした情報が飛び交いあうプロセスである(10)。すなわちコミュニケーション過程では、動的な情報が行き交い個人と個人のネットワークの結節点で情報が付加・結合され変換されることによって情報創造が行われ、有用な価値が生まれうる(11)。コミュニケーションによる情報のキャッチボールによって情報共有と価値創造がなされうるのである。コミュニケーションのそうした価値創造機能が宮崎県民生協では新しいタイプの商品事業を生んでいるといえる。

コミュニケーションはまた、宮崎県民生協やちばコープの経験にあるように、組合員の参加を促進し、職員の仕事を充実させるような個人の権限を高め、その活動を活性化する機能をもっている。それはエンパワーメントと呼ばれる主体活性化機能である。マネジメント論でも最近、エンパワーメント・マネジメントが研究されているが、そこではエンパワーメントとは権限委譲による職務拡大を通じての革新性と創造力の発揮を意味している。エンパワーメントはコミュニケーションによってのみ惹起されるわけではないが、コミュニケーションはエンパワーメントの重要な要素であることは明らかである。

エンパワーメントがどのような管理方法によって可能となるかについて見てみよう。ロバート・サイモンズによればエンパワーメントのためには四つの管理方法が必要であるとされる(12)。経営理念による管理、行動基準による管理、情報共有による管理、数値診断による管理の四つである。第一の経営理念による管理とは、経営の向かうべき方向や目的をコアとなる価値とミッション（使命）の伝達によって従業員に訴えかけ、従業員を動機づけすることによって従業員の創造性と活力を引き出そうとする方法である。それは従業員の潜在的な貢献願望にこたえるマネジメントである。第二の行動基準による管理とは、従業員が権限委譲にもとづき行動する際の判断基準や倫理基準を示し、個人の権限拡大にともなう不可避の権限濫用やその誘惑に歯止めをかけることによって、創造性の発揮を保障するという方法である。それは標準的なマニュアルが従業員の主体性の発揮を妨げることを認識したうえでのものであり、社員の正義願望にこたえるマネジメントである。第三の情報共有による管理とは、まさに上で述べたコミュニケーションによる方法である。それは現場の意思決定を保障し、経営戦略上の不確実性を豊富な情報によって減じ、新鮮な情報によって新しい戦略の判断を可能にするものである。情報共有はまた学習を促進し組織内外の対話や討論を導くものでもある。それは従業員の創造願望にこたえるマネジメントである。第四の数値診断によるマネジメントとは、権限委譲された従業員の目標の達成度合を測り、次の目標へのフィードバックを行うための方法である。この管理方法は前の三つの方法と結びついてはじめて有効な役割を発揮するもので、従業員の達成願望にこたえるマネジメントである。

以上のような経営理念、行動基準、情報共有、数値診断の四つの管理方法を見てくると、いずれもこれまで検討してきた宮崎県民生協やちばコープのマネジメントのなかによく似た要素が存在していることが確認できる。たとえば、経営理念は、「組合員のくらしに役立つ」「一人ひとり」「一つひとつ」「よりよく」「組合員の生のくらしに思いをはせ」「声がかけめぐる組織」などさまざまなキーワードとなって表現されている。行動基準は企業のような禁止事項というネガティブな倫理基準としては存在しないが、すでに述べたような苦情やクレームにたいする判断基準や商品基準などが、行動基準として機能している。情報共有（コミュニケーション）は宮崎県民生協を貫く根幹の活動となっており、それを基軸に他の管理方法が機能している。数値診断は、供給高が「満足度のバロメーター」とされ、事業剰余が「仕事のレベルのバロメーター」とされているように、数値も自主的管理の判断要素として重視されているのである。このように独自な表現で四つの管理方法が貫かれているのである。そうした管理を通じて宮崎県民生協やちばコープにおいては職員のエンパワーメントが発展し、コミュニケーションによるもう一方の組合員のエンパワーメントと結びついて大きな力となっているのである。

以上の点から見れば、宮崎県民生協やちばコープの新たな生協創造は、コミュニケーションとエンパワーメントによるものと言ってもよい。このように検討してくると、コミュニケーションもエンパワーメントも生協のような組織の条件を生かした活動（機能）であると言うことができる。というのは社会的目的を追求する非営利組織に適合しうる方法であるからである。しかし冒頭に述べたように、今日においては企業といえども社会的利益へのなんらかの貢献を無視しては経営を発展させることはできない。すでにマネジメントやマーケティングでは消費者の主体性を尊重しそのイニシアチブを認める形での方法が登場し、先進的な企業はそれを競争戦略のスキルとして位置づけてきているのである。宮崎県民生協やちばコープの活動も結果的には、先進的なマネジメントやマーケティングの方法を先取りするものとなっている。営利組織と非営利組織のマネジメント上の相互浸透がここには存在するといってよい。

これからのポスト工業化段階の経営管理のあり方を考えるうえでも、宮崎県民生協やちばコープの経験は貴重である。営利組織・非営利組織の双方を通じて、新しい経営の要素としてコミュニケーションとエンパワーメントはますます重要となっていくであろう。

本章で提起した新たな生協像は、従来の古い協同観から新しい協同観への転換をともないながらコミュニケーションとエンパワーメントにもとづき形成されるのである。

(1) 小栗崇資「新たな協同の再生――現代資本主義と人格のシステム」二一世紀生協理論研究会編『現代生協改革の展望』大月書店、二〇〇〇年。
(2) 田中秀樹『消費者の生協からの転換』日本経済評論社、一九九八年、参照。
(3) 小栗崇資「非営利・協同組織の資金調達と資本形成」角瀬保雄・川口清史編著『非営利・協同組織の経営』ミネルヴァ書房、一九九九年。
(4) 飯尾要『成熟社会のニードロジー』同文舘、一九九七年。
(5) D・ペパーズ／S・ロジャース著、井関利明監訳『ONE to ONEマーケティング』ダイヤモンド社、一九九五年。嶋口充輝『顧客満足型マーケティングの構図――新しい企業成長の論理を求めて』有斐閣、一九九四年。
(6) 斎藤日出治『国境を越える市民社会』現代企画室、一九九七年。
(7) 今井賢一・金子郁容『ネットワーク社会論』岩波書店、一九八八年。
(8) 高橋晴雄「共有するものしたいもの」くらしと協同の研究所編『生協再生への挑戦』コープ出版、一九九七年、八六頁。

(9) ユルゲン・ハーバーマス著、河上倫逸/平井俊彦/M・フーブリヒトほか訳『コミュニケーション行為の理論』上中下、未来社、一九八五―八七年。尾関周二『言語的コミュニケーションと労働の弁証法』大月書店、一九九二年。

(10) 金子郁容『ボランティア――もうひとつの情報社会』岩波新書、一九九四年。

(11) 紺野登・野中郁次郎『知力経営――ダイナミックな競争力を創る』日本経済新聞社、一九九五年。

(12) ロバート・サイモンズ「エンパワーメントを成功させる四つの方法」『ダイヤモンド・ハーバード・ビジネスレヴュー』一九九六年一月号。

第六章　いま、生協に問われていること

野村秀和

Ⅰ　生協は供給不足時代に誕生した

日本の生協にかぎらず、世界の生協は、生産者・販売者（供給側）の強い支配力に対抗するために、生活財の購買者である消費者（勤労市民）を組織することで誕生してきたという共通の歴史をもっている。需要と供給との関係でいえば、供給不足という経済構造のなかで、消費者の要求を実現するために組織されてきたのである。

第二次世界大戦が日本の敗戦で終わりを告げた後、戦後の日本社会はモノ不足、なかでも食べることが最大の要求となった時代が続いた。こうした時代背景のなかで、一九六〇年代の高度経済成長政策が、インフレーションをともないながら定着してくる。戦後の日本の地域購買生協は、こうした時代の申し子であった。

新しく設立された生協のうち、東北・北海道の生協は、冬の厳しい気候条件により、店舗型の業態を

とることになるが、関東以西の多くの生協は、初期投資の少ない共同購入型の業態で出発することになる。いずれも単品結集型の商品政策をとることによって、スケールメリットによる低価格の実現を追求したのである。みんなが協同すれば安くなるというキャッチフレーズは、その当時の主婦組合員の気持ちに強く訴えるものがあったのである。協同の輪を広げることで、「より良い商品をより安く」購入できるという運動スローガンは、生協を消費者運動の中心的担い手に育て上げていった。

冬の暖房エネルギーとして欠かせない灯油の共同購入は、その典型的な一例であろう。東北山形の共立社生協は、国際石油資本と対決して、灯油価格をめぐる独占的支配にたいし、消費者運動の全国的支援を受けながら、公正な価格を要求して、裁判闘争にまでその運動を高めていったことは、日本の生協運動史のなかでも記憶に残るたたかいであった。この取り組みは、過去のものではなく、いまもなお、毎年繰り返されていることは、原油値上げを受けて、灯油の一斉値上げが実施されたこの冬の経験からも、よく知られている。

Ⅱ　供給過剰時代の生協

戦後の経済は、高度成長のなかで新しい段階を迎えた。それを流通市場のなかで最初に意識したのは、イトーヨーカドー（ＩＹ）グループの現トップ鈴木敏文であった。一九六八年、スーパーマーケット「イトーヨーカ堂」は、客寄せのための目玉商品が売れ残るという経験に直面した。安売りに徹しても売り切ることができなかったのである。これは、それまでに経験したことのない事態であった。それまでは、ダンピングして、価格を下げれば売れたのである。それが、かなりの値引きに踏み切っても、大量の売れ残りが発生する事態に直面したのである。

一過性の現象とする流通業界の常識のなかで、鈴木だけはこの事態を重視し、モノ不足時代は終わったと悟ったという。これにたいし、安くすれば売れるという従来の経験主義にもとづいて、値引き幅が十分でなかったから売れ残るのだ、もっと価格を下げよという方針で猪突猛進したスーパーの雄「ダイエー」はその後、無惨な敗北を重ねることになった。

ＩＹグループは、この経験を生かし、「売れ筋」と「死に筋」に商品を区分し、在庫管理の徹底に取り組む。この姿勢は、一九八一年八月の中間決算で、初めての減益を経験することで、「業務改革」という永久に続く経営の近代的管理へと全従業員を結集させ、「単品管理」という国際的に通用する在庫管理のノウハウを確立させていくことに結実していったのである。もっとも、この単品管理は、コンビニエンスストア・チェーンである「セブン－イレブン・ジャパン」において成果を誇示することになるが、アイテム数が多く、ファッション性の衣料品が勝負を決めるスーパー「イトーヨーカ堂」では、必ずしも成功しているわけではない。

流通マーケットが売り手市場から買い手市場に変貌し、大量販売を支えてきた安売り方式の構造が大転換を開始し始めたという認識が、先駆的な流通グループに自覚されつつあった時期に、日本の生協は、単品結集型すなわちスケールメリット追求による大量安売り構造によって、成長をとげていたのである。

県域を越える事業連合組織は、まさにこの路線を典型的に担う組織であった。そこには、組合員の参加の広がりによる多様なニーズの発生にきめ細かに対応することの必要性が急速に増大していたにもかかわらず、事業活動としての受け皿を開発しようという発想は生じてこなかったのである。あるいは、その必要性を現場では感じていたとしても、商品開発力の力量や資金不足のために、対応できる体制ではなかったというべきかもしれない。事業連合組織が実現できたことは、大単協がスケールメリットの効果として享受していた仕入条件を、中小単協に配分することであったのである。もちろん、このことは、大単協にとっても、仕入業者にたいして優位な立場に立てるということを約束することになる。単純化していえば、生協にとって、スケールメリット追求以外の効率化は、ほとんど問題とならなかったと総括できよう。

ニッチ(隙間)事業として出発し、一定の成長を遂げてきた八〇年代の生協は、流通市場の構造的な大変化に注意するどころか、小さな「成功」を過信して、バブル経済の影響に染まるなかで、出店競争に出遅れているという焦りから、不良・過剰な投資となるような無謀な拡大路線に傾斜するところが多くなっていった。

Ⅲ　専従幹部の指導力量

生協の設立時からのトップには、カリスマ型とみられる指導者が多かった。事業の素人であることを広言しながらも、消費者運動の指導者としては人望もあり、組合員組織との接点を大切にしてきたという特徴が共通している。それに加えて、高度成長下の単品結集型事業として、職員の献身的努力に支えられてスタートした共同購入業態では、消費者運動としての市民の共感を組織化することにより、大きく前進したのである。

しかし、店舗業態では、職員の献身的努力だけでは、事業の成長は約束されるわけではない。店舗管理の専門的能力、マーチャンダイジングや仕入のネットワークさらにはチェーン展開のノウハウやハード面での配慮など、競合が出てくれば直ちに影響を受けることになる。若い（いまでは、かなりの年輩だが）幹部の多くは、創立当時のトップに代わって、実務型経営者として登場してきた。彼らは、小売流通の知識を、ペガサスクラブなどから熱心に学ぶのだが、学べば学ぶほど、組合員ニーズから離れることも生じてくる。流通の最先端の経験をそのまま生協に持ち込むのでは、消化不良になることもある。

その一つの事例を、ユーコープ事業連合にとることにしよう。コープかながわは、当時、価格競争力では、生協陣営のなかで先頭に立っていた。神奈川県の小売市場においても、その自信は強かった。この状況を維持するためペガサス理論*に忠実に、チェーン展開を意識的に進めたのである。店舗投資を最小にするため、ダンボール箱を積み上げ、組合員に商品の品出しをさせるなど、買い物を楽しむという雰囲気はまったく感じられない倉庫のような息の詰まる店づくりであった。さらに、ユーコープ事業連合は、経済合理性という論理によって、他の事業連合組織の、一単協・一票という単協主権を尊重した運営とは違って、取扱高基準による意志決定方式を経済合理性を理由に採用していた。当時のK専務は、大単協が事業連合の機関運営に事実上の責任をもっているのだから、この方式は当然なのだと説明したのである。ここには、小単協の自立した権利の尊重などは、スケールメリット追求のまえに無惨に否定されていったのである。

ユーコープ事業連合の効率を追求する意志決定のプロセスは、流通業界の資本の論理そのままに運営されていたといってもよい。たしかに、一面の経済合理性は認められるが、それは、少数者、弱者の切り捨てであって、協同の精神の尊重にはつながらない運営方式であった。資本主義の厳しさを自覚すれば、そこで事業を展開する以上、事業連合がもたらす「実利」は、単協独自の取引力量では実現不可能なのだから、これは当然という考え方といえよう。しかし、ユーコープ事業連合の運営方式は、小単協の自立やその要求を切り捨てているという批判を受けて、連帯弱者に配慮するようになり、かながわ本体の業績を悪化させることになっていった。その結果、コープかながわの総代会で、組合員からの批判にさらされることになる。

事業連合に派遣されていた多数の幹部たちは単協に戻され、「単協主権」が「復活」するが、ユーコープ事業連合が果たしてきたプラス面もマイナス面も、玉石混淆で批判されたため、この経験からの教訓を十分に引き出すことはできなかった。中心単協のコープかながわは、その後の再生のための取り組みにおいて試行錯誤を繰り返すことになったのは、よく知られた現実である。

このとき、組合員から批判を受けたK専務は、ユーコープ事業連合から身を引くのであるが、日生協連合会本部が事業支援本部長に抜擢し、各地の経営再建に取り組む単協の指導を担当することになった。

北海道の生協支援は、そのなかでも重要な緊急課題であったのである。

しかし、流通業界資本の先駆的経験から学び、効率と経済合理性のみの強者の立場からの価値判断で事業指導を行うことは、組合員のなかの少数派すなわち都会に住んでいない地方の組合員や高齢者組合員のニーズを切り捨て、都会に集中する子育て中心の三〇代主婦をターゲットとする事業活動に収斂せざるをえない。競合に勝てない店舗のスクラップ、中高年齢の幹部の思いきったリストラ策など、生協運動の理念からみて、組合員が疑問をもち、職員もやる気をなくすような再建策が、力によって貫徹される指導となる。

経営再建の厳しさを指摘し、外科手術の必要性を提起することの大切さを否定するものではないし、そのための知識をK氏がもっていることを認めたうえで、それでも、生協事業は弱者を切り捨てて展開するものではないはずだし、もともと弱者の協同から出発したという原点を大切にしなければ、協同組合ではなくなるということを、ここでは繰り返さざるをえないのである。同じリストラ「合理化」を提案するにしても、相手側の立場を十分に斟酌することで団結の力を生み出すような組織縮小を具体的に、かつだれにでもわかるかたちで提案できなければ、最高幹部としての資格はないと言わざるをえない。私は、K氏の能力を認めるがゆえに、事業支援活動の場でK氏が仕事を担当することに異議を唱えるつもりはない。しかし、生協は、事業と組織という両側面をもっている。最高責任者は、この両面を十分に把握した再建方針を提起し、関係者の参加と協力を組織しなければならないのである。したがって、効率的視点に重点を置いて提起されるK氏の事業上の能力を十分に生かしながら、組織の全体的バランスと発展を視野に入れた責任者のもとで、彼の能力を生かしていくことができないものかと思うのである。

総代会で、組合員から公然と反撥を受けるということは、組合員蔑視の姿勢を本能的に組合員が感じているからでもある。総代会での発言を決意するということは、主婦組合員にとっては大変な勇気と決心をともなうものである。しかも、その発言に多数の総代が共感の気持ちを示すということを、常勤役員はもっと重く受け止めなければならないと思う。こうした諸点を考慮すれば、K氏は、生協運動の、ましてや事業再建の最高の指導者としては、いささか哲学に欠けており、目先の技術的な外科手術を担当できたとしても、人の組織である協同組合の再建担当トップとしては、反撥を受けるのは当然のことかもしれない。

＊　ペガサス理論（クラブ）については、『転換期の生活協同組合』（大月書店、一九八六年）のなかで、私が詳しく紹介している。その一部を以下に引用しておこう。

「ペガサス理論とは

ペガサスクラブの創始者、渥美俊一氏は、一九八一年に転換期のチェーンストアシリーズとして、『転換期の経営戦略』（シリーズ1）、『転換期のマンパワー』（シリーズ2）、『転換期のマーチャンダイジング』（シリーズ3）の三冊を出版した。その中で、シリーズ刊行のねらいとこのクラブの誕生について次のようにのべる。

「このシリーズは、いまやわが国流通業界をリードするチェーンストア志向企業群が、一九八〇年代においておこなうべき経営政策転換のためのガイドブックである。

ちょうど二〇年前の昭和三十七年（一九六二年）春四月、わが国小売業の中に、ペガサスクラブという名の経営研究サークルが旗揚げをした。集まったのは、大部分が当時年商わずか三億円、日商一〇〇万円がやっとという三人の野武士であった。

彼らこそ昭和五十六年（一九八一年）において、わが国流通業界でトップ・クラスを独占する年商一兆二〇〇〇億円の『ダイエー』をはじめ、『イトーヨーカ堂』、『ジャスコ』、『ニチイ』、『ユニー』、『いづみや』である。そして、一両年遅れて参加し発展したのが『西友ストアー』、『ユニード』、『長崎屋』。あるいは、専門店グループでは今日、年商五〇〇億円級にまで成長した『やまとや』、『鈴屋』、『鈴乃屋』、『鈴丹』。さらに五年後に仲間入りしたのが、現在フード・サービスの代表的旗手である『すかいらーく』、『京樽』、『小僧寿し』などである。株式会社だけではない。灘神戸生協、市民生協（北海道）、神奈川生協といった、生協三傑もここで育った」。

彼の問題意識は「わが国の政治、行政、学校教育、アカデミズム、福祉、文化、製造業などが、昭和三十年ごろからいっせいに近代化と現代化の方向をたどりつつあったのに対して、ただ一つ、三流のまま後進国として放置されてきたのが、日本の消費経済、消費生活水準である」として、「流通革命」によって商業主権の王政復古を達成するということになる。

彼は、この問題意識の達成のために、マーケティングに「対立」するマーチャンダイジングという概念を提起する。すなわち、マーケティングは「一個でも多く消費者に買ってもらおうとする販売努力

〈で〉、メーカー〈が〉製品を消費者に売りつけるためのノウ・ハウ」であるのに対し、マーチャンダイジングは「原料から消費の終了までの全過程を自ら設計し、統制すること。客に商品を提供するために必要なすべての活動の総称」であるため、生産に責任をもち、業界慣習の変更までも含む概念と規定するのである。そして、従来の流通業はメーカーのマーケティングの一翼であった。マーチャンダイザーはメーカーの支配を脱して、商業主権の確立を目指すのだと説く、そしてそれは、売れ筋商品であるウォンツ商品から、ニーズ商品を志向し、売れるものなら何でもから、生活提案というスローガンに切り換えることを意味するという。すなわち「作る立場とは、生産者の立場だけではない、売る立場をも含んでいる。それらは、国民のウォンツの充足はできるが、決して不足を充足することはできない。全く正反対なのが、使う立場であり、これは同時に買う立場でもある。使う立場、買う立場に立ってみれば、店側の任務とは、より豊かな生活を店側から国民に提案することである」。

その手段として提起されるのが、セルフ型の量販店のチェーンストア経営システムである。もっとも、「チェーンストア・システムが志向する〝ご利益〟は二〇〇店を超えないと出てこないのである」が、これを、マス・マーチャンダイジングシステムという。そしてこのマスの力を背景にして、生産の仕組みを変え、ローコスト・マス・マーチャンダイジングシステムに完成させる。

管理責任の特徴は、トップとチェーン店の店長に分けることから出発する。トップの責任は売上高である。「なぜなら、売上高規模が年商一億円か、一〇億円か、一〇〇億円かは、①ワン・フロアの売場面積、②立地、③値ごろ――の三点で、ほぼ決まってしまうからである。この売上高規模の大勢を左右する三点については、店長にはほとんど関係なく、経営者自身が決めているはずである」と説く。

それに対し店長は、オペレーションコストの削減による純利益高確保に責任をもつと説く。すなわち、「チェーンストアが考える店長は全く異質である。なぜならば、その場合の店長像は、純利益高確保の責任者と想定されるからである。

売上高を大きく左右するのは店舗開発であり、地道にそれを積み上げる仕事は商品部の任務である。これに対して、店舗運営側の本来の仕事は、ひとりでにふえていく店舗段階の作業コストを可能な限り削減し、それによって純利益を確実にふやしていく直接の責任者なのである。

売上高が大きければ儲かる、というのは、完全に錯覚である。それならば、大企業には赤字が出ないはずである。……純利益を左右する要素は、あくまでも経費である。しかも、消耗品や光熱費ではなくて、いちばん大きい経費は人件費なのである。したがって、人件費削減のできる能力こそ、最も大事な店長への期待内容でなければならないのである」。

したがって、この具体的手段となると、一人当たり売場面積の拡大となり、計数管理責任をもつスペシャリストとパート労働の活用というおきまりの結論になるのである。

さらに、現状を危機的にとらえて、「一九八〇年代について、われわれがいま明確に理解すべき最大の特徴は、小売業やフード・サービスの世界では、初めて競争状態にはいるという点である。競争とは、大型もアウトになる可能性があるという時期である」と警告し、体質強化を熱心に説くのである。それはすでにのべたように、イデオロギーとしてマーチャンダイジングを掲げ、チェーン店の形態の中で立地条件を考慮した大型店展開と人件費削減を課題とした一人当り売場面積の拡大である。

これに付随して、消費者が買える売価から出発せよ、として、「突破口の提案は、一言でいえば、売価から出発せよということである。計画を売価設定から出発しない限り、製品開発は進まない」と説く。そして「コスト対策よりも先に、品切れ対策がフィジカル・ディストリビューションシステムの最初の効果だという前提に立ってほしい。そのあとでコスト削減対策である」と欠品補充の重要さを指摘する。さらに、ゼネラルを否定し、常に個別具体的に検討する姿勢を強調し、「改革案と改善案の双方が、区別して提案され」る必要性をのべるのである。

以上のようにみてくると、事業活動における管理効率を高めるためには、技術的に大いに参考になる点が多いのである。

ペガサス理論の批判的摂取

しかし、ここにみられるペガサス理論の特徴は、流通資本がチェーン店展開の中で、大量の商品を効率的に提供することで、他の流通資本や産業資本に対する競争上の優位性を確保すること以上のものではない。決定的な弱点は、消費者の立場に立つとしながら、消費の組織化も消費者の参加も無いことである。結局は、消費者をターゲットとした流通資本の地位向上を目指したもので、マーチャンダイジングが消費の終了までを視野に入れているにしても、それは、より効果的に売り込むためのもので、自らが否定するマーケティングの一変種といわざるを得ないのである。

流通業界の中で激しく展開される資本主義的競争に生協も耐えていくためには、ペガサスから学ぶものはまだ多いかもしれない。しかし、生協は消費の組織化を基礎にして事業活動を行なうのであるから、組合員のエネルギーを引き出す運営参加という、流通資本には真似のできない生協固有の民主的運営こそが力の源泉なのである。したがって、組合員による民主的機関運営を強める方向での業務管理はきわめて有効であるが、逆に、それと対立するような、業務サイドの判断が先行して、組合員の要求実現の運動が弱まるようなことになるならば、生協に寄せる組合員の信頼が低下し、業務面の管理手法ではとても回復できない痛手を負うことになる。」(一五五―一五八頁)

Ⅳ　リストラ策しか提案できないのか

たしかに、リストラも再建手段の一つではある。しかし、実施するなら、中途半端なやり方では失敗する。それは、さらなるリストラを繰り返すことになり、不信感と不団結を拡大することになるからである。だからといって、それまで適切な対策手段も提起しないで、ギリギリになって、事態の解決はこれしかないという最後通牒的リストラ宣言では、常勤役員側の能力と資質が問われよう。

また、リストラの必要性とそのための犠牲を最小にする手だて、およびその伝達の方法などで、ちょっとした不注意や無神経なミスがあると、混乱は大きくなるばかりであろう。どうせ職員から支持されることは期待できないのだから、腹をくくってやるしかないという思いが強すぎると、いままでの仲間であった同僚の心を傷つけることになる。リストラ対象外の職員にまでも不信感を広げることは、単協の現有する人材能力を十分に活用できない状況を拡大することにつながる。

リストラの提案責任は、いうまでもなく経営側にある。しかし、その経営側に、この提案は自分たちの無為無策そのものを表しているのだという真摯な自覚がないと、リストラ提案は再建につながらない。

前任の経営陣の責任で、自分たちはその尻拭いをさせられているという逃げ口上も、説得力はない。もし、ほんとにそう思うのであれば、前任の常勤にたいして、損害賠償を公然と請求すべきではないか、その行為なしに、そうした言いわけをするのは、やはり、経営者としての資格や素質がないというべきであろう。

希望退職を募るという形のリストラを提起することによって発生する結果は、営利企業の場合も含めて、残ってほしい人材が出ていき、出てほしい人材が居座るというお馴染みの状態である。これを回避するには、勤務評価の査定による指名解雇ということになるが、そこまで踏み込むと、おとなしい労組も抵抗の行動をとらざるをえないことになる。労組を中立化させておくためにも、指名解雇ではなく、希望退職を募り、若干の退職金の割り増しを付けることに落ち着く。そして、その後にくるのは、「希望」のはずであった退職の事実上の勧奨が執拗に実施され、それでも居残るといえば、不適材・不適所への強制配転となる。「希望」退職は、事実上の退職の「強制」になり、こうした対応に嫌気をもつ職員は、退職後の生活の見通しが少しでもあれば、生協を見限っていくということが多い。

中堅以上の幹部がリストラの対象となった場合、彼らより若い常勤に、「常勤には退職者はいないのか」と聞いたところ、「自分たちは総代会で選出され、組合員の信任を得ているのだから、退職の必要はない。あなた方は、われわれ常勤が雇用した職員なのだから、経営の事情を理解して、希望退職に応じてほしい。さもなければ、意に反する職場へ転出していただくことになる」という回答が返ってきて、開いた口が塞がらなかったという、嘘のようなホントの話を聞かされたこともある。

V　持てる力を出しきれる信頼関係を

苦しいときも、共に仕事をしてきた仲間なのに、こうした発言は、中堅幹部のやる気を腐らせ、職員スタッフ全体の再建へのエネルギー結集に大きな障害となろう。厳しい経営状況であればあるほど、生身の血を流すときには、常勤役員からも何人かが身を引くことで、職員の気持ちは団結へと傾くものであろう。もっとも、そこへいくまでに、いろいろな方策があったはずである。その努力が職員に見えるようにすることも、幹部としての工夫であろう。情報公開は、ギリギリになって、要求されて提出するのではなく、早い時期に現状の認識を共有してもらい、それにたいする取り組みへの結集を訴え、さらには、職員全体からの提案や討議の場を設けていくことが、なににもまして大切なのである。この努力を見える形で、下からの意見が出せるルートの設定など、職員組織の民主的結集への手段が準備されていれば、事態は違った展開をしたかもしれないのである。リストラの背後には、職員への不信という常勤の姿勢が見え隠れすることが多いため、不信感を逆に増幅させていることもあるのである。

いま大切なことは、経営の危機に際し、単協は持てる力を最大限に出しきることである。そうでなければ再建は成功しないという冷厳な現実がある。たとえ、職員のエネルギーを最大限に活用しても、いままで通りの生き残りはむずかしいのが現状であろう。そのような状況のもとで、もし、職員のエネルギーをフルに活用できなければ、再建は最初からおぼつかないのである。そうした視点から見ると、いま行われている生協のリストラは、団結を強める方向ではなく、弱める方向で実施されているとしか思えないことが多い。去る人も、残る人も、自分の育った単協への思いを持ち続けることができるような再建の具体化は、危機に対処する常勤トップの最大の責任なのである。リストラで人件費を削減できるなら再建できるというほど事態は単純ではない。残った職員のやる気を、以前以上に引き出せるか、そして組合員の利用結集を強く訴えられるか、去っていった元職員も、陰ながら応援してくれているか、これらは、リストラという緊急事態に際しての対策のなかに、きちんと位置づいていなければならないのである。

Ⅵ　競合対策の思想と手段

供給過剰時代ということは、競合激化が予想以上に深刻ということを意味する。スーパーやコンビニも、既存店舗が売上げ前年割れという状況が普通の事態になっている。流通業界トップの座についていた「イトーヨーカ堂」が、『販売革新』誌の二〇〇〇年一〇月号で、「低迷を続けるイトーヨーカ堂の誤解」という特集を組まれる時代なのである。大手でさえも、いや、大手だからこそ、明日の発展は保証されていない時代といえよう。

生協は、もともと、ニッチ事業としてスタートした経過がある。経済状況や立地している地域の状況の変化に機敏に適応していかないと、ニッチ事業は生き残れない。幸い、それほど大きな設備投資に縛られているわけではない。人の組織としての協同組合は、人の力をフルに活用することができれば、状況の変化に適応する身軽さをもっている。如何なる状況にも弾力的に対応することができる人材を育てておれば、苦難が続く状況にも適応できよう。

この事情は、職員のほかに、単協には多様な専門性とネットワークを有する数十万にのぼる組合員が存在することを思い起こさせることになる。この力を生かすことができれば、もっと効果的な展開を追求することも可能となるであろう。それぞれの人々が、生協を自分たちの生活の砦として発展させようという思いで一致しているならば、競合に生き残る無限のエネルギーと知恵をそこからくみ取ることができよう。

Ⅶ　トップとしての課題

生協にかかわっている人々の思いとその力をフルに活用するためには、トップには、いくつかの課題をクリアしてもらわなければならない。その核心は、組合員や職員の信頼を、トップは自らの行いのなかで深め、広げていかなければならないということであろう。競合激化のなかで、信頼を深め、広げるためには、単に、人物として悪い人間ではないというだけでは不十分である。

その第一は、先見性であろう。これから起こるであろう事態の大局的な方向性についての先見性は、トップがトップとしての役割を果たすうえで、決定的な意味をもつ。目先のことだけでなく、大きな視野と構造的で歴史的な識見が問われるのであり、それが、組合員や職員の信頼感を育て強める。

第二は、経営責任者としての倫理性が厳しく求められることである。従来、急成長した単協のトップのなかには、同じ程度の事業規模水準にある営利企業の役員の腐敗した側面を見ることで、ある程度まで、そうした行為が社会的に許容されていると錯覚することもあった。地域社会の経済団体役員との付き合いも日常のこととなり、その極端な事例がゴルフ漬けの毎日であるし、海外出張は業者の接待を当然のこととする感覚の麻痺も生ずるのである。その対極には、組合員の生活実態への無関心が知らないうちに膨れ上がり、自らを「啓蒙君主」とする「裸の王様」に変身させるのである。いずみ市民生協の元専従トップの例*は極端としても、このような人間的弱さは、人事権という「権力」や事業規模の急速拡張による資本力を事実上私物化している状態を、自分の力と考えるようにさせてしまう。トップを支える幹部集団がそれに手を貸すことで、こうした事態に批判的な諫言を言ってくれる真の友を遠ざけることになる。自らに厳しく、部下には寛大な対応がトップの資質であるのに、地位保全のためには、猜疑心が強くなり、部下を信用できなくなるところまで行き着くのにそれほど時間はかからないのであろうか。下積みの苦労が多かったことが生かされないで、逆に、傲慢さを強めることもあるのである。

第三には、意志決定の迅速さと、間違いに気がついたときは率直に自己批判し、朝令暮改を恐れずに実行することである。このためには、民主的な機関運営を情報公開と結びつけて制度化し、自らの責任をたえず明確にすることで、組織内外からのチェックを受け入れるシステムをもたなければならない。さらに、それ以外にも、多様なチャネルとして、直接、トップにのみ届く「こえ」の投書宛先やメールアドレスが、組合員や職員、取引業者に公開されていること、それに加えて、経済界や学識者などから、長期計画などについて積極的な提言を定期的に諮問し、こうした諸見解にたいする自らの知見を磨く学習の機会と時間を優先的に確保し、それぞれの見解にたいするトップの意見を組織的にさらに個別的に返していく努力をしていかなければならない。ボトムアップ・システムの構築とその運用は、トップにしかできない最大の責務なのである。

組織の活性化とは、トップとそれを支える幹部集団のこうした先見性、倫理性、意志決定の迅速さと具体性によってのみ強められることができる。これによって、ようやく、組合員や職員との信頼関係を育てる土壌づくりが着手されたといえる状況に入るのである。こうした努力なしに、競合との対決を経営的取り組みだけで立ち向かおうとしても、なんの成果も上がらないばかりか、危機を強めることになるだけである。現在の生協をめぐる競合環境の厳しさはここまでいたっていると言うべきであろう。

＊　一九九七年五月、大阪いずみ市民生協の三名の職員が、当時の副理事長Nを、生協私物化、横領で内部告発したところ、いずみ市民生協理事会は、うち二名を懲戒解雇してしまった。日生協は、事実を調査して、いずみ市民生協側を批判し、反省を求めたが、現在も未解決の状態が続いている。

Ⅷ　協同組合の強さとは何か

生協が、かつて経営的厳しさを経験したとき、それを克服して、新しい前進を歩み始めることができたのは、例外なしに、組合員のところに戻ることで、組合員のもてる力を引き出すことに成功した場合にかぎられる。生協組織が有するポテンシャリティの活性化なしに、危機を発展のステップに変えることはできない。政治的・行政的支援は、ないよりあったほうがいいことは言うまでもない。しかし、そのような力に依存しすぎて、自己責任を放棄することは、自治の放棄につながり、組織そのものを解体させるか、行政の下請機関に成り下がることを意味する。

日本の生協は、六〇年代から七〇年代にかけて、供給独占にたいする弱者としての消費者のくらしを守る運動として組織され、発展してきた。消費者運動を進めるなかで、それを敵視する行政から、員外利用の禁止を厳しく迫られ、生協規制という世界史上では、わが国以外に見られない受難のなかで、自らの組織の強化と成長を遂げてきたのである。

一九八六年に、京都生協・共立社生協のイタリア生協訪問団に随行する機会を与えられた。デンマークの生協本部に立ち寄ったとき、日本の生協は、政府・与党の「苛め」のなかで成長してきたという報告を私がしたのであるが、デンマークの生協の幹部たちは信じられないという顔で、「消費者市民が自主的に手をつないでくらしを守り、良くしようと協同組合を組織することに、国や自治体がそれを支援することはあっても、妨害するなんて信じられない」と問い返してきたのである。このやりとりは、いまでも、鮮明に私の脳裏に残っている。

協同組合は、社会的弱者や少数者として差別的に扱われている人たちへの配慮を大切にする連帯組織として組織され、成長してきた。経済的取引において、弱者である市民の連帯組織という本質は、協同組合の原点といってもよい。

経済的強者の協同は、カルテルとかトラストといった独占的支配の形態として登場するが、協同組合の協同は、これとはまったく異質な本質を有する。だからこそ、環境問題への取り組みや南北問題への配慮などを自分の問題として取り上げることができる組織なのである。今日の時点で、社会的課題になっている高齢者福祉についても、社会的費用負担の増大を理由に、たえず切り捨ての可能性があるがゆえに、協同組合は、これを他人事とするわけにはいかないのである。

Ⅸ　地域社会との信頼関係のなかで

生産力の発展に支えられて、供給過剰時代に入ってくると、経済的強者である大企業の経営者のなかにも、社会的弱者や少数者との連帯のみならず、環境や福祉などを大切にする事業体としての協同組合と連携し、消費者組織との協同事業に参加する動きも出てくる。生協運動のなかで育ってきた消費者市民の広がりは、環境や福祉を大切にする事業者としてのイメージが、大企業の事業展開にとっても有利であるばかりか、永続的な事業活動の継続は、地域社会との信頼関係を欠いては維持できないことが理解されるように変わってきたのである。

未来社会において、社会的存在として市民社会から受容されるためには、営利企業自体が社会的使命を自ら意識し、その実践を通じて、持続的事業としての存在価値を市民社会のなかで信認されなければならない時代へ移行しているといえよう。このような市民社会の受容が、その企業に、結果として利益を与えることになり、その企業の社会的ミッションをさらに効果的に遂行できる投資資金を準備することができるようになるのである。

市民社会の成熟は、政治や行政の制度において、このような状況を安定的に支える仕組みをつくり上げていくことになろう。もっとも、現状の日本は、大気汚染に見られる環境課題についても、国際的には批判を受けるような遅れた水準にあるし、NPOや協同組合の支援制度も不十分である。ジェンダー問題においても、女性の権利の確立は、まだまだ立ち後れていると言わざるをえない。

こうした状況のなかにも、少数の大手企業とはいえ、未来社会を先取りした事業経営を少しずつ取り上げる先進的なところも出てきたが、協同組合は、もともとそのような市民社会の価値観を先取りして組織されてきたのである。そうした歴史的経験にもかかわらず、少しばかりの経営的成長が、協同組合を退廃させるという経験を国際的にも重ねてきた。それに対する反省から、協同組合の原点に戻ろうという問題提起が、国際的に繰り返されてきたのである。

一九八八年の第二九回ICA（国際協同組合同盟）大会と一九九二年に東京で開催された第三〇回大

会は、主要テーマとして「協同組合の基本的価値」を掲げたのである。ＩＣＡ会長のマルコス氏が、論議を深めるために書いた報告書のなかで提起された四点の基本的価値は、以下の通りである。

一　組合員参加（Member Participation）

二　民主主義の徹底（Adherence to Democracy）

三　誠実（Honesty）

四　他人への配慮（Caring for Others）

これらの指摘は、いまなお、協同組合の指針として重要な意味を持っていると考えられよう。

X　ニッチ事業としての原点を謙虚に踏まえよ

地域社会のなかで、過半数の市民の参加を達成したとはいえ、供給過剰時代の生協は、一定の信頼を組合員のなかに持ちながら、供給業者の一つとしての位置を客観的には与えられることになってしまった。顧客満足をめぐる競合のなかで、生活消費財の一定の普及は、油断をすれば、つねに生協自身の存在意義が失われるという危険にさらされている状況のなかで事業活動を展開しているということである。供給事業者の隙間から事業活動に参入した生協は、消費者の組織した事業体であることから、生産力を所有しているわけではない。生産者と消費者の協同を事業として媒介するというのが、経済学的にみた現在の生協の地位でもある。したがって、生協が消費者のニーズをつかみ、生産者にその情報を提供することができる間は、生協の存在意義は認められるが、生産者も直接、消費者のニーズをつかもうと努力を強めているのである。

このことは、組合員組織が、民主的機関運営により活性化し、さらなる組合員拡大を続けるならば、供給側としては生協との取引が不可欠となるし、生協の存在価値も社会的に認知を受けることになろう。それを職員が、組合員の「こえ」を聞くことで実現しようというのは、次善の策としての請負いなのであるが、これが現状としては、最高の到達点でもある。しかし、これは、率直に言って、生協の組織的優位性を自ら放棄していることでもある。組合員主権の実質的な定着は、生協の生き残りをかけた最後の課題であると同時に、生協が協同組合として再生することでもあるのである。

ここで考えなければならないことは、生活財のすべてやくらしのサービスのすべてに事業を広げるのではなく、ニッチ事業としての原点に戻り、供給側の隙間、すなわち消費者市民の要求が十分に実現されていない分野に特化した業態展開が、身の丈に応じて具体化されることであろう。生鮮食品など品質管理の点で、リスクの高い分野が主要な事業とならざるをえないのは、そうした事情があるからである。

また、障害者や高齢者の福祉ニーズも、従来型の事業としては採算のとれない分野でもある。ニッチ事業は、こうした分野を舞台とした事業でもある。だからこそ、組合員の参加を組織することが可能な条件も存在することになる。そして、組合員のボランティア参加のなかで、採算を維持する可能性も生まれるのである。

こうした諸条件を、単協の歴史や立地、組合員組織の成熟度、職員の専門的熟練度など、きめ細かな分析を踏まえた戦術的事業計画として具体化し、身の丈に合った現実的短期プランを、長期構想のなかで、迅速かつ柔軟に展開していくことが求められているのである。

消費と生産の協同を媒介する事業のなかで、消費者の権利を主張し、維持することは、取引の公正さを実現することでもある。資本主義は、供給側の自由競争によって、無政府的に取引の公正さを保障しようとしてきたのであるが、自由競争は、自由でない強者支配の手段に転化してしまった時代に入ったことで、生協の社会的存在価値が市民社会のなかで認知されるようになってきたのである。このような歴史的経過は、たえず、自分たちの運動や事業のなかで確かめていくことが大切であろう。協同組合の自治能力とは、このようなセルフチェック・システムによる運営であり、それは最も単純でわかりやすい基本的価値によって主導されているという信頼感が、社会的に受容されていることによって支えられているのである。人（組合員）の信頼感が失われてしまうならば、協同組合の存在意義もまた同時に、失われるのである。

編　者

野《の》村《むら》秀《ひで》和《かず》　1932年生　日本福祉大学経済学部教授・京都大学名誉教授
編著書：『イトーヨーカ堂・セブン-イレブン』大月書店，1997年
『生協　21世紀への挑戦』大月書店，1992年ほか

執筆者（執筆順）

野村秀和

神《こう》山《やま》　充《みつる》　1953年生　特定非営利活動法人 地域と協同の研究センター事務局課長

榑《くれ》松《まつ》佐《さい》一《ち》　1956年生　生協労連東海地連執行委員長

庭《にわ》野《の》文《ふみ》雄《お》　1961年生　CRI：協同組合総合研究所主任研究員

小《お》栗《ぐり》崇《たか》資《し》　1950年生　駒沢大学経済学部教授

生協への提言

2001年2月15日　初　版

編著者　野村秀和
装幀者　林　佳恵
発行者　桜井　香
発行所　株式会社　桜井書店
東京都文京区本郷1丁目5-17　三洋ビル16
〒113-0033
電話（03）5803-7353
Fax　（03）5803-7356
印刷所　株式会社　ミツワ
製本所　株式会社　難波製本

ISBN4-921190-06-2　Printed in Japan